The United Kingdom and the Republic of Ireland

W0207930

Good news

Précis grammatical

Sommaire

Le groupe verbal

1 Introduction

- Les verbes auxilaires (*be, have, do*) sont des outils grammaticaux. Ils aident l'ensemble des verbes à construire des formes verbales composées.
- Les verbes lexicaux font partie du lexique. On peut traduire leur sens. *Be, have* et *do* peuvent aussi être des verbes lexicaux :

  *I **am** working.* (be est auxiliaire)
  *I **am** English*. (*be* est verbe lexical)

- La base verbale est la forme verbale la plus élémentaire. On la représente par le symbole V. *Do, have, sing, love* sont des bases verbales.

2 *Be* : présent et prétérit

Be au présent

- La forme affirmative. On emploie souvent la forme contractée, même quand on écrit. On utilise toujours la forme pleine lorsque *be* est en fin de phrase (voir les réponses courtes, p. 25).

forme affirmative	
forme pleine	forme contractée
I am	*I'm*
you are	*you're*
he / she / it is	*he / she / it 's*
we are	*we're*
they are	*they're*

- La forme interrogative. Pour poser une question, on inverse verbe et sujet. Il n'y a pas de forme contractée à l'interrogatif :

  I am ill.
  Am I ill?

forme interrogative
Am I... ?
Are you... ?
Is he... ? / she? / it?
Are we... ?
Are they... ?

- La forme négative. La négation *not* se place après le verbe. À l'exception de *I'm not*, il y a deux façons de contracter les formes négatives.

forme négative	
forme pleine	forme contractée
I am not	*I'm not*
you are not	*you're not/you aren't*
he / she / it is not	*he / she / it 's not* / *he / she / it isn't*
we are not	*we're not/we aren't*
they are not	*they're not/they aren't*

Be au prétérit

- *Was* (*I, she, he, it*) et *were* (*we, you, they*) sont les deux formes du passé de *be*. À la forme interrogative, *was not / wasn't* et *were not / weren't* :

  *She **was** hungry but she **wasn't** very thirsty.*
  Elle avait faim mais elle n'avait pas très soif.
  ***Were** they at the airport? No, they **weren't**.*
  Étaient-ils à l'aéroport ? Non, ils n'y étaient pas.

forme affirmative
I was
you were
he / she / it was
we were
they were

forme interrogative
Was I?
Were you?
Was he? / she? / it?
Were we...?
Were they...?

forme négative	
forme pleine	forme contractée
I was not	*I wasn't*
you were not	*you weren't*
he / she / it was not	*he / she / it wasn't*
we were not	*we weren't*
they were not	*they weren't*

La prononciation

Attention à la prononciation de *aren't* et *weren't*. Ils n'ont qu'une seule syllabe comme *can't* [kæ:nt] :

aren't [ɑ:nt]
weren't [wɛ:nt]

Emploi de *be*

- *Be* (verbe lexical) signifie « être » ou « exister ». Il s'emploie pour dire son nom, son âge, sa profession, sa nationalité :

*I'**m** Tim. I'**m** 14. I'**m** a student.*
*I'**m** American.*
Je m'appelle Tim. J'ai 14 ans.
Je suis étudiant. Je suis américain.

pour caractériser le sujet (dire comment on est) :

*I'**m** tall. She'**s** clever. He'**s** nice. We'**re** hungry.*
Je suis grand(e). Elle est intelligente. Il est sympathique. Nous avons faim.

et pour situer le sujet.

*I **was** at the camp last year.*
J'étais au camp l'année dernière.
*Today I'**m** at school.*
Aujourd'hui je suis à l'école.

- *Be* (verbe auxiliaire) s'emploie au présent en *be* + V-*ing* (p. 7), au prétérit en *be* + V-*ing* (p. 7), au futur en *be going to* (p. 11), et au passif (p. 27).

3 There is, there are

- L'expression *there is / there are* permet de dire qu'une ou plusieurs choses se trouvent (existent) quelque part (*there*). Elle se traduit en français par « il y a ». Contrairement au français, cette expression s'accorde en nombre avec le nom qui la suit immédiatement :

***There is** a teacher in the classroom and **there are** three students.*
Il y a un professeur dans la salle de classe et il y a trois élèves.

- *There is / are* peut se mettre à tous les temps :

there was(n't), there were(n't)... (prétérit)
there has(n't) been / there have(n't) been... (*present perfect*)
there will / won't be... (l'expression du futur avec *will*)

4 Have (got)

Have got au présent

forme affirmative			
forme pleine		forme contractée	
I *you* *we* *they*	*have got*	*I* *you* *we* *they*	*'ve got*
he *she* *it*	*has got*	*he's* *she* *it's*	*'s got*

forme interrogative		
Have	*I* *you* *we* *they*	*got?*
Has	*he* *she* *it*	*got?*

forme négative			
forme pleine		forme contractée	
I *you* *we* *they*	*have not got*	*I* *you* *we* *they*	*haven't got*
he *she* *it*	*has not got*	*he* *she* *it*	*hasn't got*

- On emploie *have got* surtout en anglais britannique. *Have* (avec ou sans *got*) permet de parler de ce que l'on possède ou d'exprimer un lien de parenté :

*I'**ve got** some money.*
J'ai de l'argent.

*He'**s got** two brothers.*
Il a deux frères.

Have, verbe lexical, au présent

- Pour exprimer la possession, on emploie souvent *have* en anglais américain. Ce verbe lexical se construit avec *do / does* comme tout verbe lexical. On utilise alors le présent simple et non le présent en *be* + V-*ing* :

*I **have** a cat.*
J'ai un chat.

forme affirmative	
I you we they	*have*
he she it	*has*

forme interrogative		
Do	I you we they	*have*
Does	he she it	*have?*

forme négative			
forme pleine		forme contractée	
I you we they	*do not have*	I you we they	*don't have*
he she it	*does not have*	he she it	*doesn't have*

La forme contractée de l'affirmatif est peu employée.

- *Have* a souvent le sens de prendre (une douche, un cours de maths), consommer (un sandwich) :

*I **have** a shower every morning.*
Je prends une douche tous les matins.

*We **don't have** maths on Tuesdays.*
Nous n'avons pas de maths le mardi.

*What **do you have** for breakfast?*
Que prends-tu au petit-déjeuner ?

Have et *have got* au passé

Le prétérit de *have* et de *have got* est *had* à toutes les personnes. À la forme interrogative, on emploie *did* (le prétérit de *do*) suivi de la base verbale :

*The King **had** two brothers.*
*They **didn't have** any money.*
Le roi avait deux frères.
Ils n'avaient pas d'argent.

***Did** you **have** a shower this mornng?*
Est-ce que tu as pris une douche ce matin ?

5 L'impératif (V)

- On emploie la base verbale pour donner un ordre, une consigne, des instructions. Elle correspond à la 2ᵉ personne de l'impératif au singulier et au pluriel en français :

***Be** quiet!*
Tais-toi ! / Taisez-vous !

***Have** a drink*
Prends / prenez un verre !

***Read** that article!*
Lis / Lisez cet article !

- À la forme négative, on utilise *do not / don't* + V :

***Don't be** rude!*
Ne sois / soyez pas impoli(s) !

***Don't do** that!*
Ne fais / faites pas cela !

- À la 1ère personne, l'impératif se forme avec *let's* (= *let us*) + V. La forme contractée est la plus fréquente :

***Let's** go!*
Allons-y !

6 Le présent simple

La forme affirmative

- On utilise la base verbale (V) avec *I, you, we, they* :

*I **like** apples. You **go** to school.*
*We **have** lunch. They **love** chocolate.*
J'aime les pommes. Tu vas à l'école.
Nous déjeunons. Ils adorent le chocolat.

- À la 3ᵉ personne singulier (*he / she / it*), on ajoute *-s* à la base verbale. Ce *-s* se prononce [s] ou [z] ou [ɪz] :

*She **likes** [s] cats.*
Elle aimes les chats.

*He **wears** [z] a uniform.*
Il porte un uniforme.

*It **finishes** [Iz] at midday.*
Il se termine à midi.

- Attention ! Quand la base verbale se termine par *-ch*, *-sh* ou *-o*, le *-s* devient *-es* :

*watch –> watch**es***
*go –> go**es***

forme affirmative	
I you we they	***play***
he she it	***plays***

forme affirmative	
I you we they	***want*** ***go***
he she it	***wants*** ***goes***

La forme interrogative

- Pour poser une question, on place *do* (1re et 2e personnes, et 3e personne du pluriel) ou *does* (3e personne du singulier) devant le sujet :

  Do you speak *English?*
  Parles-tu anglais ?

  Does she work *in France?*
  Travaille-t-elle en France ?

forme interrogative		
Do	*I* *you* *we* *they*	*play…?*
Does	*he* *she* *it*	*play…?*

La forme négative

forme négative			
forme pleine		forme contractée	
I *you* *we* *they*	*do not play*	*I* *you* *we* *they*	*don't play*
he *she* *it*	*does not play*	*he* *she* *it*	*doesn't play*

- Pour former une négation, on place *do not / don't* ou *does not / doesn't* entre le sujet et la base verbale :

  I ***don't like*** *him. He* ***doesn't talk*** *to me.*
  Je ne l'aime pas. Il ne me nous parle pas.

Les réponses courtes

- *Do / does, don't / doesn't* sont aussi utilisés dans les réponses courtes :

  *"**Do** you speak English?"*
  *"Yes, I **do.** / No, I **don't.**"*
  – Est-ce que tu parles anglais ?
  – Oui. / Non.

  *"**Does** he like hamburgers?"*
  *"Yes, he **does.** / No, he **doesn't.**"*
  – Est-ce qu'il aime les hamburgers ?
  – Oui / Non.

(Voir aussi p. 25)

Attention !

- *Do* peut être aussi un verbe lexical (= faire). Il se conjugue alors avec *do / does* comme tous les autres verbes :

  *When **does** he **do** the housework?*
  Quand est-ce qu'il fait le ménage ?

  *Why **do** they **do** their shopping on Saturdays?*
  Pourquoi font-ils leurs courses le samedi ?

L'emploi du présent simple

- Le présent simple exprime une vérité générale, un caractéristique :

  *Cats **sleep** a lot in the daytime.*
  Les chats dorment beaucoup pendant la journée.

un goût :

  *I **love** apples.*
  J'adore les pommes.

ou une activité habituelle :

  *She **works** in London.*
  Elle travaille à Londres. (= c'est son lieu de travail habituel)

C'est pourquoi il est souvent accompagné d'un adverbe de fréquence :

  *She **always leaves** home at 8.*
  Elle part toujours de chez elle à 8 heures.

Les expressions de fréquence

- Les expressions de fréquence les plus employées sont :

always	toujours
usually	habituellement,
generally	généralement
often	souvent
sometimes	parfois
rarely, seldom	rarement
never	jamais
every day	tous les jours

- L'adverbe de fréquence se place généralement après le verbe *be* :

  *She **is never** late.*
  Elle n'est jamais en retard.

et devant les autres verbes :

  *He **always watches** TV in the evening.*
  Le soir il regarde toujours la télévision.

7 Le présent en *be* + V-*ing*

Les formes

- Seul *be* se conjugue. On accroche *–ing* à la base verbale (V).

- Attention aux changements orthographiques. Lorsque la base verbale (V) se termine par un seul *-e*, celui-ci disparaît :

  ride –> riding

● Lorsque la base verbale se termine par une seule voyelle et une seule consonne, la consonne se double :

get -> getting
run -> running

forme affirmative	
forme pleine	forme contractée
I am playing	*I'm playing*
you are playing	*you're playing*
he / she / it is playing	*he / she / it 's playing*
we are playing	*we're playing*
they are playing	*they're playing*

forme interrogative
Am I playing…?
Are you playing…?
Is he / she / it playing…?
Are we playing…?
Are they playing…?

forme négative
forme pleine
I am not playing
you are not playing
he / she / it is not playing
we are not playing
they are not playing

forme négative
forme contractée
I'm not playing
you're not/you aren't playing
he / she / it 's not playing /he /she /it isn't playing
we're not/we aren't playing
they're not/they aren't playing

L'emploi

● On emploie le présent en *be* + V-*ing* pour :

– parler de ce que l'on voit à l'instant où l'on parle, comme un « arrêt sur image » :

*Oh no! It**'s raining.***
Ah non ! Il pleut !

– faire un commentaire sur une action en cours de déroulement :

He's in the sitting-room.
*He**'s reading** a book.*
Il est dans le salon.
Il lit un livre (en ce moment).

*She**'s playing** tennis in the garden..*
Elle joue au tennis dans le jardin (en ce moment).

● Pour interroger quelqu'un sur ce qu'il fait « en ce moment », on dit :

*What **are** you **doing**?*
Qu'est-ce que tu fais ?

● On trouve souvent la forme *be* + V-*ing* après *Look! et Listen!* Celui qui parle est le témoin visuel ou auditif de ce qu'il dit :

*Look! he**'s getting** out of his car*
Regarde ! Il sort de sa voiture..

*Listen! My sister**'s singing.***
Écoute ! Ma sœur est en train de chanter.

● *Be* + V-*ing* sert aussi pour exprimer une prise de position claire et nette :

You're not going to school.
You're staying at home.
Il n'est pas question que tu ailles à l'école.
Tu restes à la maison.

8 Le prétérit

Le prétérit simple des verbes réguliers

● À la forme affirmative, on ajoute le marqueur *–ed* ou *–d* à la base verbales :

*I watch**ed** the film and I really lik**ed** it.*

forme affirmative	
I/you he/she/it we/you/they	***played***

● Le *-ed* s'entend toujours. Il se prononce de trois façons différentes :

played [d]
talked [t]
invited [Id]

● Aux formes négative et interrogative, c'est l'auxiliaire qui porte la marque du prétérit : *did* est le prétérit de l'auxiliaire *do / does* :

*"**Did** you **have** a good time?"*
*"Yes, I **did**. / No, I **didn't**."*
– Est-ce que tu t'es bien amusé ?
– Oui. / Non.

*When **did** you **arrive**?*
– Quand es-tu arrivé ?

*I **did not / didn't** like the film.*
– Le film ne m'a pas plu.

forme interrogative		
Did	*I/you* *he/she/it* *we/you/they*	***play***

forme interrogative	
forme pleine	
I/you *he/she/it* *we/you/they*	***did not play***
forme contractée	
I/you *he/she/it* *we/you/they*	***didn't play***

Le prétérit simple des verbes irréguliers

● Certains verbes ont des prétérits (et / ou des participes passés) irréguliers ; on les appelle des verbes irréguliers (voir la liste de ces verbes, PG p. 30). Exemples :

buy –> bought
catch –> caught
come –> came
do –> did
give –> gave
go –> went
have –> had
hear –> heard
make –> made
ride –> rode
say –> said
sell –> sold
wake up –> woke up
write –> wrote

● Aux formes négative et interrogative, ils fonctionnent avec l'auxiliaire *did*, comme les verbes réguliers :

*What time **did** you **come** home?*
À quelle heure es-tu rentré ?

*I **didn't come** home very early.*
*I **came** home at 9.*
Je ne suis pas rentré très tôt.
Je suis rentré à 9 heures.

Emploi du prétérit simple

● C'est une forme verbale qui indique que le moment dont il est question fait partie du passé. C'est fini. C'est pourquoi le prétérit est souvent accompagné d'un marqueur de temps :

*We flew over New York **at 6 o'clock**.*
Last year *I was in Year 7.*

Les repères temporels du passé

● Ce sont des adverbes ou des compléments circonstanciels qui situent un événement dans le passé. Ils en précisent le moment :

When?	Quand ?
last weekend	le weekend dernier
in 1960	en 1960
yesterday	hier

● *Ago* permet de préciser le recul, la distance dans le temps :

How long ago?
Il y a combien de temps ?

four years ago
il y a quatre ans

a long time ago
il y a longtemps

● Parfois le repère temporel est implicite :

Marilyn Monroe was an actress.
Marilyn Monroe était actrice.
(Celui qui parle sait qu'elle est morte.)

Le prétérit en *be* + V-*ing*

● Seul *be* se conjugue et porte la marque du prétérit. On accroche *–ing* à la base verbale (V).

● On emploie le prétérit en *be* + V-*ing* pour parler d'un événement passé dans son déroulement :

*I **was walking** past the house.*
Je passais devant la maison.

ou pour faire un « arrêt sur image » :

*"What **were you doing** at 8 o'clock?"*
*"I **was having** breakfast."*
– Que faisais-tu à 8 heures ?
– Je prenais mon petit-déjeûner.

Il correspond souvent à l'imparfait en français.

Le prétérit simple en contraste avec le prétérit en *be* + V-*ing*

- On emploie le prétérit simple pour raconter des événements passés. C'est le temps du récit. On emploie le prétérit en *be* + V-*ing* pour parler des circonstances qui entouraient un événement passé. Dans cette scène (prétérit en *be* + V-*ing*) un événement survint (au prétérit simple). Il a interrompu ou ponctué une activité qui était déjà en cours :

  *I **was watching** TV when the telephone **rang**.*
  J'étais en train de regarder la télévision lorsque le téléphone a sonné.

9 *used to*

- On emploie *used to* + V pour opposer l'événement décrit. En français, on utilise "autrefois". *Used to* peut aussi exprimer une habitude au passé :

  *The Aborigenes **used to** hunt kangaroos and turtles.*
  Autrefois les Aborigènes chassaient le kangourou et la tortue.

- Les formes interrogative et négative de *used to* se forment avec *did* et *didn't* :

  *Did they **use to** move from place to place?*
  Se déplaçaient-il de lieu en lieu ?
  *Yes, they **didn't use to** have farms.*
  Oui, autrefois ils n'avaient pas de fermes.

10 Le *present perfect*

Forme

- Le *present perfect* se forme avec *have* au présent + le participe passé du verbe.
- Les formes contractées sont

  I've worked,
  he's worked,
  she hasn't worked / she's not worked
  they haven't worked / they've not worked, etc.

- Le participe passé des verbes réguliers est identique au prétérit :

  *I work**ed**.* (prétérit)
  *I have work**ed**. (present perfect)*

- Le participe passé des verbes irréguliers est parfois différent du prétérit (voir p. 30) :

  *I **gave** him a book.* (prétérit)
  *I **have given** him a book. (present perfect)*

forme affirmative	
I / you / we / they	***have** worked / **'ve** worked*
he / she / it	***has** worked / **'s** worked*

forme négative	
I / you / we / they	***have not / haven't / 've not** worked*
he / she / it	***has not / hasn't / 's not** worked*

forme interrogative		
Have	*I / you / we / they*	*work**ed**?*
Has	*he / she / it*	*work**ed**?*

Emploi

- Le *present perfect* établit un lien entre le présent et le passé. L'énonciateur (= celui qui s'exprime) se place au moment présent et s'intéresse aux conséquences acytuelles d'un événement passé. Il fait un bilan.

  *Oh! You**'ve** chang**ed** your hairstyle.*
  Oh ! Tu as changé de coiffure.
  (= Je vois la différence.)
  Have we changed?
  Avons-nous changé ?
  (= Voyez-vous le changement ?)

ou il commente la situation présente par rapport au passé :

  *M. Brown **has sold** his car.*
  M. Brown a vendu sa voiture.
  (= Maintenant, la voiture n'est plus à lui.)

- Attention ! Lorsqu'on situe une action dans le passé (en utilisant, par exemple, une date, une année…), il faut utiliser le prétérit :

  *Luke **told** us **last week**.*
  Luke nous l'a dit la semaine dernière.

Le *present perfect* avec *just*

- Avec *just*, le present perfect exprime que l'action vient de se produire :

He ***has just come back*** *from Australia.*
Il vient de revenir d'Australie.

I ***have just had*** *a look at it.*
Je viens de regarder cela.

Le present perfect avec *already, not yet, ever/never*

- Avec *already*, le *present perfect* s'emploie pour dire que c'est déjà fait :

I ***have already seen*** *him.*
Je l'ai déjà vu.

- Avec *not yet*, le *present perfect* s'emploie pour dire que ce n'est pas encore fait :

I ***haven't been*** *to the north* ***yet****.*
Je ne suis pas encore allé dans le nord.

- Avec *never*, le present perfect exprime qu'on n'a jamais vécu cela :

I ***have never seen*** *anything like it.*
Je n'ai jamais rien de pareil.

I ***have never been*** *to Spain.*
Je n'ai jamais été en Espagne.

- Pour poser une question sur l'expérience de quelqu'un, on utilise *ever* :

Have you ever eaten *at a Japanese restaurant?*
As-tu déjà mangé dans un restaurant japonais ?

Ever s'emploie souvent avec le superlatif ;

That's ***the highest*** *mountain* ***I've ever seen****.*
C'est la montagne la plus haute que j'aie jamais vue.

Le *present perfect* avec *for*

- Le marqueur de temps *for* (= pendant) indique une longueur de temps, une durée. Il précise le fait que l'action commencée dans le passé continue dans le présent. On le traduit en français par « depuis » :

Humans ***have exploited*** *the Earth* ***for*** *too long.*
Les hommes exploitent la Terre depuis trop longtemps.

We ***have known*** *about global warming* ***for*** *years.*
Nous connaissons le réchauffement climatique depuis des années.

11 L'expression du futur

Will

- **L'auxiliaire de modalité *will* exprime une prévision, une prédiction dont on est sûr :**

It will *rain tomorrow.*
Il pleuvra / va pleuvoir demain.

*He'****ll*** *be very rich. I know it.*
Il sera très célèbre. J'en suis sûr.

ou une décision spontanée, une volonté :

"Oh no! There's no bread left!"
"Don't worry. ***I'll*** *go and buy some."*
– Oh non ! Il ne reste plus de pain !
– Pas de problème. Je vais en acheter.

- *Will* est invariable. Sa forme contractée est *'ll*. À la forme négative, la forme contractée de *will* + *not* est *won't*. Comme tous les modaux, il est suivi de la base verbale (V).

forme affirmative	
forme pleine	*forme contractée*
will go	*'ll go*

forme interrogative	
Will … go ?	

forme négative	
forme pleine	forme contractée
will not go	*won't go*

Be going to

- On emploie *be going to* pour faire une prédiction à partir d'indices présents :

*Look at the sky! It****'s going to*** *rain.*
Regarde le ciel ! Il va pleuvoir.

I'm not feeling well. ***I'm going to*** *be sick.*
Je ne me sens pas bien.
Je vais avoir mal au cœur.

ou pour exprimer une décision prise avant de s'exprimer. C'est le « futur d'intention. » :

*I****'m going to*** *tidy my room this evening.*
Je vais ranger ma chambre ce soir.

- *Be* + *going to* suit la conjugaison de *be* au présent.

Be + V-*ing* a valeur de futur

- Le présent en *be* + V-*ing* peut être utilisé pour parler de ce qui est prévu d'avance. Il s'emploie souvent avec un repère temporel du futur :

What ***are*** *you* ***doing*** *tonight?*
Qu'est-ce que tu fais ce soir ?

Sorry, I can't have lunch with you tomorrow. ***I'm working****.*
Désolé, je ne peux pas déjeuner avec toi demain. Je travaille.

Will be able to : le futur de *can*

- Le modal *can* n'a pas de forme pour exprimer le futur. On le remplace alors par *will / won't be able to*, pour parler de ce qui sera, ou qui ne sera pas, possible :

*You'll **be able to** visit Australia.*
Tu va pouvoir visiter l'Australie.

*He **won't be able to** do it.*
Il ne sera pas capable de le faire.

***Will** you **be able to** carry it?*
Seras-tu capable de le porter ?

Will have to : le futur de *must*

- Le modal *must* n'a pas de forme pour exprimer le futur. On le remplace par *will have to / won't have to* pour parler de ce qu'il faudra faire, exprimer l'obligation au futur, ou parler de ce qu'il ne sera pas nécessaire de faire (absence d'obligation au futur) :

*You'**ll have to** work harder.*
Tu devras travailler beaucoup.

*You **won't have to** get up early*
Ce ne sera pas nécessaire de te lever tôt.

12 Les auxiliaires de modalité

- *Can, will, must, may, might, could, would, should* sont des auxiliaires de modalité ou auxiliaires modaux. En tant que modaux, ils indiquent un « mode », une manière de présenter l'action ou l'événement. La personne qui parle exprime sa façon de voir les choses, sa manière de réagir devant les événements (permission, interdiction, possibilité). Ils s'emploient avec un verbe lexical. En tant qu'auxiliaires, ils rendent possible l'interrogation, la négation, les réponses courtes et les *tags* (voir p. 25).

- Les auxiliaires de modalité sont invariables et sont toujours suivis de la base verbale du verbe lexical.

Can

forme affirmative
*I/he/etc. **can** go*

forme interrogative
***Can** you/he/etc. go?*

forme négative	
forme pleine	forme contractée
*I/he/etc. **cannot** go*	*I/he/etc. **can't** go*

- *Can* exprime l'idée de possibilité. On l'utilise pour demander la permission de faire quelque chose :

*"**Can** I have a drink, please?"*
*"Yes, you **can**. / No, you **can't**."*
– Puis-je avoir quelque chose à boire, s'il te plaît ? – Oui / Non.

et pour dire qu'on est capable, ou non, de faire quelque chose :

*I **can** run fast. I **can't** swim.*
Je peux / suis capable de courir vite.
Je ne sais pas nager.

Could

forme affirmative
*I/he/etc. **could** play*

forme interrogative
***Could** you/he/etc. play...?*

forme négative	
forme pleine	forme contractée
*I/he/etc. **could not** play*	*I/he/etc. **couldn't** play*

- *Could* est le passé de *can* :

*I **couldn't** sleep last night.*
Je n'ai pas pu dormir cette nuit.

- *Could* s'utilise aussi pour exprimer une suggestion :

*"I'm bored!" "We **could** play a game!"*
– Je m'ennuie. – On pourrait jouer un jeu !

- *Could* s'emploie souvent pour demander poliment la permission :

***Could** I use your pen?*
Pourrais je utiliser ton stylo ?

Will

- *Will* permet de faire à coup sûr une prédiction sur l'avenir :

*Electric cars **will** go much faster.*
Les voitures électriques rouleront beaucoup plus vite.

(Voir ci-dessus, n° 11, L'expression du futur.)

- Il s'emploie aussi pour dire qu'on s'engage volontairement :

*I'**ll** ask him.*
Je vais lui demander.

Would

- Il s'emploie pour parler de ce que l'on souhaite ou que l'on imagine, de ce qui n'existe pas ou pas encore dans la réalité :

*I'**d** like to be a vet.*
J'aimerais être vétérinaire.

*He **would** love to build bridges.*
Il adorerait construire des ponts.

*It **would** be wonderful, wouldn't it?*
Ce serait merveilleux, n'est-ce pas ?

(Voir *if* + prétérit, p. 28)

- *Would prefer* et *would rather* s'emploient pour exprimer la préférence. Attention à la différence de construction : *I'd prefer* + *to* + V ; *I'd rather* + V :

***Would** you **prefer to study** science?*
Préféreriez-vous faire des études de sciences ?

***Would** you **rather go** home?*
Tu préfères rentrer ?

*I'**d prefer to study** music.*
J'aimerais mieux étudier la musique.

*I'**d rather play** the guitar.*
J'aimerais mieux jouer de la guitare.

Must

forme affirmative
*I/he/etc. **must** work*

forme interrogative
Must you/he/etc. work...?*

forme négative	
forme pleine	forme contractée
*I/he/etc. **must not** work*	*I/he/etc. **mustn't** play*

* *Must* est très peu employé à la forme interrogative.

- À la forme affirmative, *must* s'emploie pour donner un ordre :

*You **must** tidy your room.*
Il faut que tu ranges ta chambre.
(= Je t'en donne l'ordre.)

- La forme négative, *must not / mustn't*, exprime une interdiction :

*You **mustn't** forget your English book.*
Tu ne dois pas oublier ton livre d'anglais.
(= Je te l'interdis.)

*You **mustn't** put bottles in this dustbin.*
Tu ne dois pas mettre des bouteilles dans cette poubelle.

Must et have to

- Au présent on peut souvent employer aussi bien *have to* que *must*. *Have to* n'est pas un auxiliaire de modalité. Il se conjugue comme le verbe lexical *have* :

*Pupils at this school **have to / must** wear a uniform.*
Les élèves de ce collège doivent porter l'uniforme.

*He **has to / must** be at the airport before 8 o'clock.*
Il doit être / Il faut qu'il soit à l'aéroport avant 8 heures.

***Do** you **have to** go?/**Must** you go?*
Faut-il que tu t'en ailles ?

- À la forme négative, *have to* exprime l'absence d'obligation :

*You **don't have to** eat it if you don't like it.*
Tu n'es pas obligé de le manger si tu n'aimes pas cela.

*He **doesn't have to** go if he doesn't want to.*
Il n'est pas obligé de partir s'il ne veut pas.

Should

forme affirmative
*I/he/etc. **should** listen*

forme interrogative
***Should** I/he/etc. listen...?*

forme négative	
forme pleine	forme contractée
*I/he/etc. **should not** listen*	*I/he/etc. **shouldn't** listen*

- *Should* s'utilise pour exprimer un conseil :

You look tired.
*You **should** go to bed.*
Tu as l'air fatigué.
Tu devrais aller te coucher.

- À la forme négative (*should not / shouldn't*), il exprime alors l'idée de déconseiller quelque chose :

*You **shouldn't** eat so many sweets.*
Tu ne devrais pas manger autant de bonbons.

May/might

- *May* s'emploie pour demander ou donner une permission, surtout aux Etats-Unis ; au Royaume-uni, *may* est plus formel que *can* :

  ***May** I open the window?*
  *Of course, you **may**.*
  Puis-je ouvrir la fenêtre ?
  Bien sûr que oui.

- Il s'emploie aussi pour dire que c'est possible mais que ce n'est pas sûr :

  *He **may** come.*
  Il se peut qu'il vienne./
  Il y a des chances qu'il vienne.

- *Might* s'emploie pour dire que c'est moins probable encore :

  He might come.
  Il se pourrait qu'il vienne./
  Il y a une petite chance qu'il vienne.

Le groupe nominal

1 Le pluriel des noms dénombrables

Les pluriels réguliers

● *May* On distingue en anglais les noms qui se comptent (les nombres dénombrables) de ceux qui ne se comptent pas (les nombres indénombrables). La plupart des noms dénombrables porte la marque du pluriel *–s* :

*cat**s** and dog**s***
les chats et les chiens

● Les noms qui se terminent par une consonne + *-y* ont un pluriel en *-ies* :

*lady–>lad**ies**,*
*pony–>pon**ies***
(mais *boy–> boy**s***)

● Les noms qui se terminent par *–o, -ch, -sh, -x, -z*, ont généralement un pluriel en *–es* :

*tomato**es**, witch**es**, flash**es**, box**es***

● Certains noms qui se terminent par *–f* ou *–fe* ont un pluriel en *–ves* :

knife –>knives,
half–>halves
leaf–>leaves

La prononciation

● Le *–s* du pluriel se prononce toujours. Il existe trois prononciations possibles (comme pour la 3e personne du singulier du présent simple) :

– [z] après les consonnes sonores et les voyelles (*labs, beds, bags, cars, gloves, clothes, teams, tons, kings, crocodiles…)* ;

– [s] après les consonnes sourdes [p], [t], [k], [f] et [θ] (*tops, bats, books, roofs, months)* ;

– [ɪz] après les sons [s], [z], [ʃ] et [tʃ] (*glasses, roses, wishes, peaches, bridges).*

Les pluriels irréguliers

● Quelques noms ont une forme différente au singulier et au pluriel :

child –>children
mouse–>mice,
foot –>feet,
tooth–>teeth, goose–>geese,
man–>men, woman–>women ['wɪmɪn]

Les noms dénombrables invariables

● Certains noms dénombrables sont invariables, comme *sheep* et *aircraft:*

*There are a hundred **sheep** on this farm.*
*One **sheep** is sick.*
Il y a cent moutons sur cette ferme.
L'un des moutons est malade.

*A dozen **aircraft** flew over the coast.*
*One **aircraft** landed.*
Une douzaine d'avions ont survolé la côté.
Un avion a aterri.

2 Les noms indénombrables

● On ne peut pas les compter à l'aide de *one, two, three*. Ils ne sont pas précédés de l'article *a / an*. Ils s'accordent au singulier. Ils désignent, entre autre :

– des matières (*milk, toast, gold, steel, wool, hair* [= les cheveux]…) ;

– des notions abstraites (*love, courage…*) ;

– des activités (*swimming, travel, sport*) ;

– des matières scolaires (*English, geography, mathematics…*).

● Noter, en particulier, *news* (= les nouvelles, les informations), *baggage / luggage* (= les bagages), *furniture* (= les meubles, le mobilier), *rubbish / waste* (= les déchets).

3 Les déterminants du nom

Définition

● Les déterminants précèdent toujours un nom. Ils précisent (« déterminent ») la notion exprimée par le nom. Ce sont :

– les articles (*a / an, the, ø*)

– les possessifs (*my, your…*)

– les démonstratifs (*this, that…*)

– les quantifieurs (*some, any…*)

a / an (l'article indéfini)

● À l'origine, *a / an* vient du nombre *one* ; c'est pourquoi il ne s'emploie pas avec un nom pluriel. *A* devient *an* devant un son voyelle pour faire la liaison :

*It's **a** nice house.*
C'est une maison agréable.

*It's **an** old house.*
C'est une vieille maison.

*half **an** hour* [h muet = son voyelle]
une demi-heure

***a** uniform* [[ju:] = son consonne]
un uniforme

● Devant les noms de métier on emploie

● Devant les noms de métier on emploie *a / an*. En français, on n'utilise pas d'article:

*She wants to be **an** actress.*
Elle veut être actrice.

the (l'article défini)

● *The* s'emploie devant un nom

– pour désigner un objet ou un élément unique:

***the** sun, **the** moon, **the** world, **the** air, **the** environment*

– pour désigner quelque chose qui est bien précis:

*Can you pass me **the** butter, please?*
(= le beurre qui est sur la table)

– pour désigner quelque chose dont il a déjà été question:

*If you win **the** competition...*
Si vous gagnez le / ce concours...
(dont je viens de parler)

● *The* vient de *that*. C'est pourquoi il désigne un élément précis dans une situation connue. Il s'emploie avec un nom singulier ou pluriel:

***The** kitchen is downstairs.*
***The** bedrooms are upstairs.*

ø (l'article «zéro»)

● En anglais, on n'emploie pas d'article (ø) devant un mot qui désigne une généralité, en particulier devant: noms de repas, noms de disciplines scolaires, noms de saison, noms de langue, noms de couleur.

*before **ø** breakfast*
*after **ø** school*

● On n'emploie pas d'article pour parler d'une vérité générale

– devant les noms indénombrables (qui sont toujours au singulier), comme les éléments, les matières scolaires, les noms d'aliments...:

***ø** Water is a big problem.*
L'eau est un grand problème.

*I like **ø** bread and **ø** butter.*
J'aime le pain et le beurre.

– devant les noms dénombrables au pluriel:

***ø** Video games are fun.*
Les jeux-vidéo sont amusants.

4 Les pronoms et déterminants

Les pronoms personnels sujets et compléments

personne	pronom sujet	pronom complément
1re singulier	*I*	*me*
2e singulier	*you*	*you*
3e singulier	*he/she/it*	*him/her/it*
1re pluriel	*we*	*us*
2e pluriel	*you*	*you*
3e pluriel	*they*	*them*

● *He / him* et *she / her* s'emploient pour parler d'une personne. *It* s'emploie pour parler d'une chose ou d'un animal.

● Attention à la place du pronom personnel complément: il se place après le verbe;

*I can't see **him**.*
Je ne le vois pas.

*He gave **her** a CD.*
Il lui a donné un CD (à elle).

Les adjectifs / déterminants possessifs

pronom personnel sujet	déterminant possessif
I	*my*
you	*your*
she	*her*
he	*his*
it	*its*
we	*our*
they	*their*

● On emploie le déterminant possessif devant un nom commun. Il s'accorde uniquement avec le possesseur (alors qu'en français, il s'accorde en genre et en nombre avec le nom situé à droite):

*She's got **her** book.*
Elle a **son** livre. (à elle)

*She's got **her** pencil-case.*
Elle a **sa** trousse.

*She's got **her** books.*
Elle a **ses** livres.

*She's got **his** books.*
Elle a **ses** livres. (à lui)

Les pronoms possessifs

déterminant possessif	pronom possessif
my	*mine*
your	*yours*
her	*hers*
his	*his*
its	*its*
our	*ours*
their	*theirs*

- On emploie le pronom possessif à la place d'un groupe nominal. Il s'accorde avec le possesseur :

*It's my pen. It's **mine**. It's not **yours**.*
C'est mon style. C'est le mien.
Ce n'est pas le tien.

*These glasses aren't **his**. (= his glasses)*
Ces lunettes ne sont pas les siennes.

Les adjectifs et pronoms démonstratifs

singulier	**pluriel**
this	*these*
that	*those*

- *This* et *that* servent à montrer ; on les appelle donc des démonstratifs. Ils permettent de faire la différence entre ce qui est proche de soi dans le temps ou dans l'espace *(this)* et ce qui est plus loin *(that)* :

***This** is my book and **that**'s yours.*
Celui-ci, c'est mon livre, celui-là, c'est le tien.

*Do you know **this** song?*
Tu connais cette chanson ?
(On est en train de l'écouter.)

*I never liked **that** song.*
Je n'ai jamais aimé cette chanson.
(On vient de l'entendre ou d'en parler.)

- On s'en sert aussi pour faire les présentations :

I'm Tim, this is Sean and that's Sharon.
Je suis Tim. Voici Sean et voilà Sharon.

5 Le génitif

- Pour exprimer la possession en nommant le possesseur, on emploie le génitif ; *'s* est la marque du génitif.

Le génitif + nom

- On nomme d'abord le possesseur, puis l'objet qu'il possède après la marque *'s* :

*This is my **father's car**.*
C'est la **voiture** de mon **père**.

*These are **Jane's glasses**.*
Ce sont les **lunettes** de **Jane**.

- Le genitif s'emploie aussi pour exprimer un lien de parenté :

Fred is Karen's brother.
Fred est le frère de Karen.

ou un lien très fort entre une chose et une personne :

Kennedy's dream
le rêve de Kennedy

- Il s'emploie parfois avec un nom de ville ou de pays :

America's spaceport
le port spatial de l'Amérique

- Quand le possesseur est désigné par un nom commun au pluriel régulier en *-s*, le deuxième *-s* disparaît. On garde seulement l'apostrophe :

My parents' bedroom is there.
La chambre de mes parents est là.

Quand le pluriel est irrégulier, on utilise la marque *'s* :

The children's toys are in that cupboard.
Les jouets des enfants sont dans ce placard.

Le génitif employé seul

- On peut omettre le nom de l'objet s'il a déjà été nommé, s'il est connu :

Look at these beautiful shoes!
They're Helen's. (= Helen's shoes)
Regarde ces belles chaussures !
Elles sont à Helen.

ou s'il est implicite :

Let's go to the baker's.
(= to the baker's shop)
Allons chez le boulanger / à la boulangerie.

6 Les quantifieurs

- Les quantifieurs sont des mots-outils qui expriment la quantité et le nombre. Pour parler d'une quantité ou d'un nombre précis, on utilise les chiffres et les nombres cardinaux et ordinaux :

three hours, twelve eggs, the twelfth hour
trois heures, une douzaine d'œufs, la douzième heure

● Pour parler avec moins de précision, on utilise les autres quantifieurs : *some, any, no, a lot of, much, many, most of, a few, a little*, etc.

Some, any, no

● *Some*, *any* et *no* s'emploient avec les noms indénombrables comme avec les noms dénombrables.

● *Some* s'emploie quand on sait qu'il y en a :

*They ate **some** sandwiches.*
(dans une phrase affirmative)
Ils ont mangé des sandwichs.

*Can I have **some** water, please?*
(dans une phrase interrogative)
Puis-je avoir de l'eau ?

● *Any* s'emploie dans une phrase interrogative quand on ne sait pas s'il y en a :

*Is there **any** cheese in this sandwich?*
Est-ce qu'il a y du fromage dans ce sandwich ?

ou dans une phrase négative quand je sais qu'il n'y en a pas :

*We haven't got **any** orange juice!*
Nous n'avons pas de jus d'orange.

● *Some* et *any* peuvent s'employer à la place d'un nom. Ce sont alors des pronoms :

*"I'd like **some**, please."*
*"Sorry, we haven't got **any**."*
– J'en voudrais, s'il vous plaît.
– Désolé, nous n'en avons pas.

● *No*, placé devant un nom, indique une quantité zéro. Le verbe est alors à la forme affirmative :

*There are **no** tomatoes.*
Il n'y a pas de tomates.

*I have **no** money.*
Je n'ai pas d'argent

Les composés de *some, any, no* et *every*

● Les composés de *some, any, no* et *every* sont des pronoms, puisqu'ils remplacent des groups nominaux.

● Les composés de *some* s'emploient dans une phrase affirmative, ceux de *any* dans une phrase négative ou dans une phrase interrogative, ceux de *no* dans une phrase affirmative (*no* donne alors à la phrase a un sens négatif) :

*I found **something** in my pocket.*
J'ai trouvé quelque chose dans ma poche.

*Did you see **anything**?*
As-tu vu quelque chose ?

*I **can't** hear **anything**.*
Je n'entends rien.

*There's **nobody** in the street.*
Il n'y a personne dans la rue.

A lot of, lots of, much, many

● *A lot o / lots of* (beaucoup de) s'emploie devant des noms dénombrables ou indénombrables.

● *Much* et *many* sont des synonymes de *a lot of / lots of*. Ils s'emploient généralement dans des phrases négatives ou interrogatives. *Much* (= une grande quantité de) s'emploie devant des noms indénombrables ; *many* (= un grand nombre de) devant des noms dénombrables :

There isn't much traffic.
≠ There's a lot of traffic.
Il n'y a pas beaucoup de circulation.
≠ Il y a beaucoup de circulation.

There aren't many children here.
≠ There are a lot of children here.
Il n'y a pas beaucoup d'enfants ici.
≠ Il y a beaucoup d'enfants ici.

● *Too much* (trop de) et *so much* (tant de) s'emploient devant un nom indénombrable.

*There's **too much** sugar in this coffee.*
Ce café est trop sucré.

*He's got **so much** money.*
Il a tant d'argent.

● *Too many* (trop de) et *so many* (tant de) s'emploient devant un nom dénombrable :

	some...	***any...***	***no...***	***every...***
...***thing*** (une chose)	*something*	*anything*	*nothing*	*everything*
...***body/one*** (une personne)	*somebody* *someone*	*anybody* *anyone*	*nobody* *no one*	*everybody* *everyone*
...***where*** (un lieu)	*somewhere*	*anywhere*	*nowhere*	*everywhere*
	On sait qu'il y en a.	On ne sait pas s'il y en a.	On sait qu'il n'y en a pas.	On parle de la totalité.

*There are **too many people**.*
Il y a trop de monde.

*There are **so many** things on the menu.*
Il y a tant de choses sur la carte.

- *So much* (tant) et *too much* (trop) peuvent modifier un verbe :

I like chocolate so much.
Yes, you like it too much!
J'aime tant le chocolat.
Oui, Tu l'aimes trop.

A little, a few

- *A little* suivi d'un nom indénombrable (singulier) signifie une petite quantité de :

***a little** money*
un peu d'argent

- *A few* suivi d'un nom dénombrable au pluriel indique un petit nombre d'éléments :

***a few** books*
quelques livres

Les quantités de base

On parle de…	nombre (+nom dénombrable au pluriel)	quantité (+ nom indénombrable au singulier)
une petite quantité	a few	a little
pas assez	not enough	not enough
pas beaucoup	not many	not much
beaucoup	many a lot of lots of	much a lot of lots of
trop	too many	too many
combien	How many?	How much?

7 Les adjectifs

Les adjectifs simples

- Ils sont invariables : ils ne changent ni au féminin ni au pluriel :

*Janet is very **clever**.*
*Her parents are **clever** too.*
Janet est très intelligente.
Ses parents sont intelligents aussi.

- Les adjectifs epithètes se placent toujours avant le nom :

*She's a **clever girl**.*
C'est une fille intelligente.

- Si plusieurs adjectifs épithètes qualifient le même nom, ils se placent dans un ordre allant d'une appréciation personnelle (jugement) vers une appréciation objective, générale (taille, age, couleur, nationalité). On place souvent une virgule entre ces adjectifs. Ils ne sont pas reliés par and (sauf quand ce sont des adjectifs de couleur) :

*He's a very **clever, young English** boy.*
C'est un jeune garçon anglais très intelligent.

*I've got a **black and red** sweater.*
J'ai un pull noir et rouge.

- Les adjectifs attributs se placent après un verbe d'état (*be, look, seem*…). Lorsqu'on emploie une série d'adjectifs attributs, le dernier est souvent précédé de *and* :

*The man was tired, cold **and** hungry.*
L'homme était fatigué ;
il avait froid et il avait faim.

Les adjectifs composés

- Ils sont composés d'au moins deux éléments. Il s'agit souvent d'un adjectif suivi d'un nom auquel on accole *-ed* :

*He is **green-skinned**.*
Il a la peau verte.

*She is **bad-tempered**.*
Elle a mauvais caractère.

d'un adverbe suivi du participe passé :

*a **genetically-modified** tomato*
une tomate génétiquement modifée

ou d'un adverbe suivi du participe présent (V-*ing*) :

*He is very **hard-working**.*
Il est très travailleur.

Les adjectifs dérivés

- Les adjectifs qui se forment à partir d'une base verbale suivie de *-ing* (le participe présent) ont un sens « actif » :

*The film was very **interesting***
Le film était très intéressant.

- Les adjectifs qui se forment à partir d'une base verbale suivi, pour les verbes réguliers, de *-ed* (le participe passé), ont un sens « passif » :

*I wasn't **interested** in his project.*
Je n'aimais pas son projet.

8 Le comparatif

Le comparatif d'égalité (aussi ... que)

comparatif d'égalité
tous les adjectifs
Tim is **as** tall **as** Steve. Tim is **as** curious **as** Tim

- Il sert à comparer deux éléments et à dire qu'ils sont pareils. Il se forme en plaçant *as* devant l'adjectif et devant le second terme de la comparaison :

  *Tim is **as** tall **as** Steve.*
  Tim est aussi grand que Steve.

  *My bag is **as** heavy **as** yours.*
  Mon sac est aussi lourd que le tien.

Le comparatif de supériorité (plus ... que)

comparatif de supériorité	
adjectifs courts	adjectifs longs
Tim is tall**er than** Sean. My bag is heavi**er than** yours.	Tim is **more** curious **than** Sean. Tim is **more** interested **than** Sean

- Il sert à comparer deux éléments entre eux. Le premier élément est « plus que » le second. Il se forme en ajoutant *-er* aux adjectifs (ou aux adverbes) courts. Un adjectif court est un adjectif d'une seule syllabe (*tall, nice*) ou de deux syllabes terminé par *-y* (*greedy, lazy*...), *-er* (*clever*), *-le* (*little*) ou *-ow* (*yellow*). Le second élément est introduit par *than* :

  *Peter is **taller and cleverer than** his brother.*
  Peter est plus grand et plus intelligent que son frère.

  *Your dog is **greedier than** mine.*
  Ton chien est plus gourmand que le mien.

  *He drives **faster than** me.*
  Il conduit plus vite que moi.

- Souvent le second élément n'est pas mentionné. On dit alors qu'il est implicite :

  *Everything is **cheaper** in this shop.*
  Tout est moins cher dans ce magasin.

- Attention aux changements orthographiques. La voyelle *-e* finale n'est pas redoublée :

  *larg**e** –> larg**er***

Si l'adjectif se compose d'1 consonne + 1 voyelle + 1 consonne, on double la consonne finale :

big –> bigger

Le *–y* final devient *-i* s'il est précédé d'une consonne :

*funn**y** –> funn**ier***

- Le comparatif des adjectifs longs (de 2 syllabes ou plus) se forme en plaçant *more* devant l'adjectif :

  *These trousers are **more expensive**.*
  Ce pantalon est plus cher.

- On ajoute *more* devant un nom pour parler d'une plus grande quantité :

  *There are **more** elephants in India than in Africa.*
  Il y a plus d'éléphants en Inde qu'en Afrique.

- Attention aux formes irrégulières :

  good –> better
  bad –> worse
  far –>farther / further

Le comparatif d'infériorité (moins ... que)

comparatif d'infériorité
tous les adjectifs
Sean is **less** tall **than** Tim. Your bag is **less** heavy **than** mine. Sean is **less** curious **than** Tim

- Il sert à comparer deux éléments entre eux. Le premier élément est « moins que » le second. Le comparatif d'infériorité de tous les adjectifs se forme en plaçant *less* devant l'adjectif :

  *Your bag is **less** heavy **than** mine.*
  Ton sac est moins lourd que le mien.

More and more (de plus en plus) ; *less and less* (de moins en moins)

- Cette structure s'emploie pour décrire un changement progressif.
- Pour les adjectifs courts et les adjectifs longs, comparatif + *and* + comparatif :

  *Temperatures are getting **higher and higher**.*
  Les températures sont de plus en plus élevées.

  *Houses are **more and more expensive**.*
  Les maisons sont de plus en plus chères.

- Pour les noms :

  *There is **less and less** water.*
  Il y a de moins en moins d'eau.

*There are **more and more** floods.*
Il y a de plus en plus d'inondations.

9 Le superlatif

Le superlatif de supériorité

● On emploie le superlatif de supériorité (le plus...) pour comparer un objet ou une personne avec plusieurs autres :

It's the nicest jacket.
She is the most fashionable girl.

● Pour les adjectifs « courts » (tous les adjectifs d'une syllabe et les adjectifs de deux syllabes qui se terminent par *-y*, *-er*, *-ow* ou *-le*) on place *the* devant l'adjectif et on ajoute le suffixe *-est* :

*It's the **nicest** shirt **in*** the shop.*
C'est la plus belle chemise du magasin.

*She is the **prettiest** girl **in*** the school.*
Elle est la plus belle fille de l'école.

● Note l'emploi de la préposition *in* ici lorsqu'il s'agit d'un lieu ou d'un groupe de personnes. On utilise *of* dans tous les autres cas :

*the **happiest** day **of** my life*
le plus beau jour de ma vie

● Pour les adjectifs « longs », on place *the most* devant l'adjectif :

*It is the **most expensive** restaurant in town.*
C'est le restaurant le plus cher de la ville.

Les formes irrégulières (adjectifs et adverbes)

adjectif/adverbe	comparatif	superlatif
bad, badly –> mauvais, mal	*worse* –> pire	*the worst* le/la/etc. pire(s),
far –> loin	*farther/further* –> plus loin	*the farthest/furthest* le/la/etc. plus loin
good, well –> bon, bien	*better* –> meilleur, mieux	*the best* le/la/etc. meilleur(e/s), le mieux
(a) little (un) peu (de)	*less* moins (de)	*the least* le moins
much beaucoup (de)	*more* plus (de)	*the most* le plus

La phrase

1 La phrase déclarative

● La phrase déclarative peut être affirmative ou négative. Si, dans une phrase affirmative, l'énonciateur donne une information de façon neutre, il utilise une forme simple, sans auxiliaire :

These birds make their nests in high trees.
Ces oiseaux font leur nid dans de grands arbres.

● S'il donne un point de vue ou commente un événement, il utilise une forme verbale composée d'au moins un auxiliaire :

Look! He's laughing.
Regarde ! il rit !

You mustn't eat so many sweets.
Tu ne dois pas manger autant de bonbons.

2 La phrase interrogative

Les questions fermées (*Yes/No questions*)

● Pour le verbe *be* au présent et au prétérit, il s'agit d'inverser verbe et sujet :

***Is it** late ?*
Est-ce qu'il est tard ?

***Were you** at the cinema?*
Étais-tu au cinéma ?

● Pour les verbes lexicaux (ainsi que le verbe *be* au *present perfect*), les questions fermées commencent par un auxiliaire, même s'il n'apparait pas dans la phrase affirmative :

I like football.
J'aime le football.

Do you like football?
Aimes-tu le football ?

Are we making progress?
Est-ce que nous faisons du progrès ?

Are they going to take the train?
Est-ce qu'ils vont prendre le train ?

Did he like the present?
Le cadeau lui a-t-il plu ?

Have you sent him a card?
Lui as-tu envoyé une carte ?

● Pour les auxiliaires modaux, c'est l'auxiliaire qui prend la première place, suivi du sujet, puis du verbe :

Will you come with us?
Tu viendras avec nous ?

Can you open the window?
Peux-tu ouvrir la fenêtre ?

● Le schéma à retenir est donc : auxiliaire + sujet + verbe + ?

Les questions ouvertes (*WH questions*)

● Elles commencent par un mot interrogatif qui lance la question sur un point précis. Le schéma est Wh / H + auxiliaire + sujet + verbe + ? :

***Who** is that girl?*
Qui est cette fille ?

***What** is your name and address?*
Quels sont ton nom et ton adresse ?

***What** time is it?*
Quelle heure est-il ?

***When** will the President arrive?*
Quand est-ce que le Président va arriver ?

***Where** is your textbook?*
Où est ton manuel ?

***Why** are you late ?*
Pourquoi es-tu en retard ?

***How** do you know the answer?*
Comment sais-tu la réponse ?

***How** are you?*
Comment vas-tu ?

***Whose** is this book?*
À qui est ce livre ?

● Le mot interrogatif *How* peut être suivi d'un adjectif ou d'un adverbe.

– *How much* interroge sur la quantité ou sur le prix :

***How much** money have you got?*

***How much** do the tickets cost?*

– *How many* interroge sur le nombre :

***How many** friends are you going to invite?*

– *How old* interroge sur l'âge :

***How old** is Wembley Stadium?*

– *How high* interroge sur la hauteur :

***How high** is the arch?*

– *How long* interroge sur la durée ou la longueur :

***How long** does it take to get to Wembley?*

***How long** have you lived here?*

***How long** is the Thames?*

– *How often* interroge sur la fréquence :

***How often** do you go to the cinema?*

● *Whose* demande à qui appartient quelque chose ou interroge sur un lien familial ou affectif. Il peut être déterminant ou pronom :

*Whose umbrella **is it?***
*Whose shoes **are they? (déterminant)***
*Whose **is this umbrella?***

*Whose **are these shoes? (pronom)***
À qui est ce parapluie ?
À qui sont ces chaussures ?

Prononciation : le *w* de *who* [hu:] et de *whose* [hu:z] ne se prononce pas.

- *What is / are /* etc. ... *like?* interroge sur la personnalité de quelqu'un, la nature d'un objet, le temps qu'il fait... On ne reprend pas *like* dans la réponse :

*"**What**'s your new teacher **like**?"*
"He's very nice."
– Comment est ton nouveau prof ?
– Il est très sympa.

*"**What**'s New York **like** ?"*
"Very noisy."
– Comment est New-York ?
– Très bruyant.

*"**What**'s the weather **like** today?"*
"It's cold and windy."
– Quel temps fait-il aujourd'hu ?
– Il fait froid et il fait du vent.

- *What do / does / did /* etc. ... look like? interroge sur l'apparence physique :

*"**What does** his father **look like**?"*
"He's tall and he's got brown hair."
– Comment est son père ?
– Il est grand aux cheveux chatains.

- *What ... for?* interroge sur le but et l'utilisation.

What is the enter key for?
A qui sert la touche entrée?

3 Les reprises par l'auxiliaire

Les réponses courtes

- Ce sont les réponses aux *Yes / No questions*. En anglais, on ne se contente pas de répondre par oui ou par non comme en français. Après *yes* ou *no*, on reprend le pronom personnel correspondant au sujet de la phrase principale et l'auxiliaire :

"Is it your backpack?"
*"Yes, **it is**. / No, **it isn't**."*
– Est-ce ton sac-à-dos ?
– Oui. / Non.

"Does your friend like pizza?"
*"Yes, **she does**. / No, **she doesn't**."*
– Est-ce que ton amie aime le pizza ?
– Oui. / Non.

"Did you go to the cinema last night?"
*"Yes, **I did**. / No, **I didn't**."*
– Es-tu allé au cinéma hier soir ?
– Oui. / Non.

"Has Steve seen Ayers Rock?"
*"Yes, **he has**. No, **he hasn't**."*
– Est-ce que Steve a vu Ayers Rock ?
– Oui. / Non.

"Will your brother go to New York?"
*"Yes, **he will**. / No, **he won't**."*
– Est-ce que ton frère ira à New-York ?
– Oui. / Non.

Les *question tags*

- Un *question tag* est une question courte qui suit une phrase déclarative affirmative ou négative. On emploie généralement un *question tag* pour demander confirmation de ce qu'on vient de dire.

- Pour construire un *question tag*, on reprend l'auxiliaire de la phrase déclarative suivi du pronom sujet correspondant. On fait suivre un énoncé positif d'un tag négatif et un énoncé négatif d'un tag positif :

Phrase déclarative

affirmative –> question tag négatif

négative –> question tag positif

*"**You're** married, **aren't you**?"*
Tu es marié, n'est-ce pas ?

***She doesn't** like apples, **does she**?*
Elle n'aime pas les pommes, n'est-ce pas ?

***Peter can** come with us, **can't he**?*
Peter peut nous accompagner, n'est-ce pas ?

***She has** lived here for a long time, **hasn't she** ?*
Elle habite depuis longtemps, n'est-ce pas ?

- Il se peut que l'auxiliaire ne soit pas « visible », comme dans le cas du présent simple ou du préterit simple :

***You live** in London, **don't you**?*
Tu vis à Londres, n'est-ce pas ?

***Tim went** into the bank, **didn't he**?*
Tim est entré dans la banque, n'est-ce pas ?

Les réponses courtes de comparaison : *so / neither...*

- Pour dire à son interlocuteur qu'on est, qu'on pense ou qu'on fait comme lui, on emploie *so* après une phrase affirmative et *neither* après une phrase négative, puis on inverse l'auxiliaire et le pronom sujet :

*"I miss the camp." "**So do** I."*
– Le camp me manque. – À moi aussi.

"I'm not very good at baseball."
*"**Neither am** I."*
– Je ne suis pas très bon en baseball.
– Moi non plus.

*"I saw that film." "**So did** I."*
– J'ai vu ce film. – Moi aussi.

"I haven't seen that film."
*"**Neither have** I."*
– Je n'ai pas vu ce film. – Moi non plus.

4 Les prépositions

● Les prépositions sont des mots invariables. Elles sont utilisées pour construire des compléments circonstanciels :

*When are you going **to** England?*
Quand vas-tu en Angleterre ?

avec certains adjectifs :

*He is **good at** history.*
*She is **interested in** science.*
Il est bon en histoire.
Elle s'intéresse à la science.

et avec certains verbes dits « prépositionnels » :

***Look at** me.*
Regarde-moi !

***Wait for** your friends!*
Attends tes amis !

● Une préposition peut être suivie d'un groupe nominal :

*after **Christmas***
après Noël

d'un pronom :

*She can do it with **you**.*
Elle peut le faire avec toi.

ou de V-*ing* (la seule forme d'un verbe possible après une préposition) :

*Thank you **for** call**ing**.*
Merci d'avoir appelé.

***Before** go**ing** to the cinema, let's have a snack.*
Et si on mangeait quelque chose avant d'aller au cinéma.

*You can help **by** chang**ing** the way you travel.*
On peut faire quelque chose en changeant sa manière de voyager.

● Rappelle-toi les prépositions qui suivent certains adjectifs :

*I'm interested **in** the environment.*
L'environnement m'intéresse.

*He's keen **on** football.*
Il aime bien le football.

*She's good **at** French.*
Elle est bonne en français.

*Are you afraid **of** that man?*
As-tu peur de cet homme ?

*I'm fed up **with** waiting.*
J'en ai assez d'attendre.

● Attention ! Le mot *to* est parfois une préposition :

*I'm looking forward **to** see**ing** you again.*
J'attends avec impatience de te revoir.

5 Les expressions de lieu

(a)round = autour (de)
above = au dessus de
across = à travers (une surface)
along = le long de
at = à / dans
away from / out of = de (d'où vient quelqu'un ou quelque chose)
behind = derrière
below = au-dessous de
beside = à côté de
between = entre
by = près de
close to = près de
down = en bas de
in = dans
in front of = devant
inside = à l'intérieur (de)
into = dans
near = près (de)
next to = à côté de
off = au large de / séparé de
on = sur
opposite = en face (de)
outside = à l'extérieur (de)
over = au-dessus de
past = devant
through = à travers (un volume)
to = à / en
towards = vers
under = sous
up = en haut de
on(to) = sur

6 Les constructions verbe + verbe

Verbes suivis de la base verbale

● Lorsqu'un verbe conjugué (V1) est suivi d'un autre verbe (V2), le deuxième verbe est soit un gérondif (voir n° 7 ci-dessous) soit une base verbale. La base verbale est alors précédé de to :

*I want **to go** to England.*
Je veux aller en Angleterre.

*I forgot **to post** the letter.*
J'ai oublié de mettre la lettre à la poste.

● Parmi les verbes suivis de la base verbale sont ceux qui expriment une intention (plan, intend...) et ceux qui expriment des goûts (like, love...). Ces derniers peuvent également être suivis du gérondif, surtout au Royaume-Uni ÷

*I plan **to go** home early.*
J'ai l'intention to rentrer tôt.

*I love **to watch** TV in bed.*
J'adore regarder la télé au lit.

Les proposition infinitives

● C'est la construction V1 conjugué + nom / pronom + **to** + V2 :

John told Jane to hurry
John a dit à Jane de se presser.

John told her to hurry.
John lui a dit de se presser.

Le sujet du 1er verbe est *John*. Celui du second verbe est *Jane*. Si on emploie un pronom, il est à la forme complément.

● On utilise ces propositions infinitives avec les verbes *tell, ask, order, allow, warn*, qui indiquent une pression sur autrui. On les utilise aussi avec les verbes *want, hate, like, prefer, would like* exprimant une volonté, une préférence, et avec le verbe *expect*.

● La proposition infinitive correspond en français à une proposition subordonnée introduite par la conjonction « que ».

He wants us to end the concert at 11.30.
Il veut que nous terminions le concert à 11 heures 30.

I expect you to clean the concert hall.
J'attends que vous nettoyiez la salle de concert.

7 Le gérondif (V + *-ing*)

Le gérondif sujet

● Cette forme verbale (la base verbale + *-ing*) peut être sujet ou complément du verbe :

***Doing** the housework is boring.*
C'est ennuyeux de faire le ménage.

***Reading** is my favourite hobby.*
La lecture est mon passe-temps préféré.

Le gérondif complément

*I love **gardening**.*
J'adore jardiner.

Les verbes suivis de V-*ing*

● On l'utilise après les verbes qui indiquent le début ou la fin d'une action :

*He started **shouting**.*
Il à commencé à crier.

*They stopped **talking**.*
Ils se sont arrêtés de parler.

● On peut l'utiliser aussi (surtout au Royaume-Uni) après les verbes exprimant un goût, comme *like, love, hate, prefer*... :

*I **love swimming**.*
J'adore nager.

V-*ing* après les prépositions

● Le gérondif est obligatoire après toutes les prépositions :

*I often read **before** go**ing** to bed*
Je lis souvent avant de me coucher.

***after** wait**ing** for six hours*
après avoir attendu six heures

● Noter comment exprimer une suggestion:

How about going to the cinema tonight?
Et si on allait au cinéma ce soir?

What about playing a video game?
Et si on jouait à un jeu vidéo?

8 La voix passive

● La voix active met en avant le sujet qui agit, « l'agent » :

*John **bought** the painting.*
John acheta le tableau.

*Jenny **made** the cake.*
Jenny a fait le gâteau.

La voix passive met en avant l'élément qui subit l'action. Il en fait le sujet de la phrase :

*The painting **was bought** by John.*
Le tableau fut acheté par John.

*The cake **was made** by Jenny.*
Le gâteau a été fait par Jenny.

L'agent est mentionné à la fin de l'énoncé. Il est introduit par la préposition *by*. On l'appelle le complément d'agent.

● Dans de nombreux cas (objets qui n'agissent pas), on ne peut utiliser que des phrases au passif :

*Everything **was made** by hand.*
Tout a été fait à la main.

● Souvent on ne mentionne pas le complément d'agent :

*Thanksgiving **is celebrated** on the 4th Tuesday of November.*

On fête Thanksgiving
le 4e mardi de novembre.

*They **are called** X-men.*
Ils s'appellent / On les appelle X-men.

*The city **was** completely **destroyed** in the war*
La ville fut complètement détruite pendant la guerre.

- À la voix passive – comme en français – c'est *be* qui est conjugué.
- L'anglais emploie beaucoup plus le passif que le français :

*The bomb **was tested**.*
On a testé la bombe.

*The book **is called...***
Le livre s'appelle...

9 Le discours indirect

- Dans le discours direct, on fait entendre les paroles de quelqu'un comme dans un dialogue. A l'écrit, on l'indique par des guillemets :

"Why do the witches talk about me?" she said.

- Dans le discours indirect, on raconte ce qui a été dit ; on rapporte les paroles de quelqu'un :

He told me (that) the people were friendly.
Il m'a dit que les gens étaient amicaux.

Les questions indirectes

- On peut poser des questions directement à quelqu'un :

***Who is** the new Principal?*

ou de manière indirecte :

*I wonder **who** the new Principal **is**?*

- L'ordre des mots est celui d'une phrase déclarative – le verbe de la question indirecte suit son sujet :

*I **don't know who** the new Principal **is**.*
Je ne sais pas qui est le nouveau directeur.

*I **don't know why** he **didn't come**.*
Je ne sais pas pourquoi il n'est pas venu.

- On peut faire précéder les questions indirectes par des phrases comme :

I can't remember...
je ne me rappelle pas...

I wonder...
Je me demande...

I have no idea...
Je n'ai aucune idée...

10 Les propositions subordonnées

Les propositions subordonnées relatives

- Pour donner une information supplémentaire, on utilise une proposition relative. Elle relie l'antécédent (le mot qui vient avant) à l'information apportée par la relative. Celle-ci est introduite par *that* ou *who* si l'antécédent est une personne :

*the man **who / that** answered the phone*
l'homme qui a répondu au téléphone

that ou *which* si l'antécédent est une chose :

*the table **which / that** belonged to the King*
la table qui appartenait au roi

where si l'antécédent est un lieu :

*the town **where** I was born*
la ville où je suis né

when avec un antécédent de temps :

*the time **when** the town was polluted*
l'époque où la ville était polluée

Les propositions subordonnées circonstancielles de condition et de temps

- *if* + présent ... *will*

Il s'agit de prédire une situation qui va se réaliser :

*If I **switch** on the three spotlights, what **will** happen?*
Si j'allume les trois spots, que se passera-t-il ?

- *if* + prétérit ... *would*

Il s'agit de faire une hypothèse, dans une situation imaginaire. On imagine ce qui arriverait :

***If** we **used** a coloured light, what **would** happen?*
Si on utilisait un spot de couleur, que se passerait-il ?

- Après *when*, on emploie le présent dans la subordonnée de temps, et *will* dans la proposition principale :

When I go to Australia, I'll visit my brother.
Lorsque j'irai en Australie, je rendrai visite à mon frère.

I'll tell him you're waiting when he arrives.
Je lui dirai que tu l'attends quand il arrivera.

11 Les mots de liaison

- *And* associe ou ajoute :

  *John **and** Mary have been married for five years.*
  John et Mary sont mariés depuis cinq ans.

- *But* signale un contraste :

  *She's rich **but** she's unhappy.*
  Elle est riche mais elle est malheureuse.

- *First(ly (second[ly], third[ly], etc.), then, finally* indiquent les étapes d'une suite chronologique.

  ***First**, I'll talk about last year's results, **then** I'll tell you…*
  Premièrement, je vous parlerai des résultats de l'année dernière, puis je vous dirai…

  ***Finally**, I'd like to ask you a question.*
  Enfin, j'aimerais vous poser une question.

- *So* marque un lien de cause à effet :

  *He was ill **so** he couldn't play football.*
  Il était malade, alors il ne pouvait pas jouer au football.

base verbale (V)	prétérit	participe passé	traduction
be	was	been	*être*
beat	beat	beaten	*battre*
become	became	become	*devenir*
begin	began	begun	*commencer*
bend	bent	bent	*(se) courber*
bite	bit	bitten	mordre
blow	blew	blown	souffler
break	broke	broken	*casser*
bring	brought	brought [brɔːt]	*apporter, amener*
build	built	built	*construire*
burn	burned/burnt	burned/burnt	*brûler, incendier*
burst	burst	burst	éclater
buy	bought	bought	*acheter*
catch	caught	caught	*attraper*
choose	chose	chosen	*choisir*
come	came	come	*venir*
cost	cost	cost	*coûter*
cut	cut	cut	*couper*
dig	dug	dug	creuser
do	did	done	*faire*
draw	drew	drawn	*dessiner*
dream	dreamed/dreamt	dreamed/dreamt	*rêver*
drink	drank	drunk	*boire*
drive	drove	driven	*conduire*
eat	ate	eaten	*manger*
fall	fell	fallen	*tomber*
feed	fed	fed	*nourrir*
feel	felt	felt	*(se) sentir*
fight	fought	fought	*se battre, combattre*
find	found	found	*trouver*
fit	fitted/fit	fitted/fit	*être juste, de la bonne taille*
flee	fled	fled	*fuir*
fly	flew	flown	*voler (= avion)*
forget	forgot	forgotten	*oublier*
get	got	got/gotten	*obtenir, devenir, arriver*
give	gave	given	*donner*
grow	grew	grown	*cultiver*
hang	hung	hung	*suspendre*
have	had	had	*avoir*
hear	heard	heard [hɛːd]	*entendre*
hide	hid	hidden	*(se) cacher*
hit	hit	hit	*frapper*
hold	held	held	*tenir, contenir*
hurt	hurt	hurt	*blesser*
keep	kept	kept	*garder, se conserver*
know	knew	known	*connaître, savoir*
lay	laid	laid	*mettre (la table)*
lead	led	led	*mener*

base verbale (V)	prétérit	participe passé	traduction
leap	leaped/ leapt	leaped/ leapt	*sauter*
learn	learned/ learnt	learned/ learnt	*apprendre*
leave	left	left	*partir, quitter*
lend	lent	lent	*prêter*
lie	lay	lain	*s'allonger*
light	lit/ lighted	lit/lighted	*allumer*
lose [lu:z]	lost	lost	*perdre*
make	made	made	*faire*
mean	meant	meant [ment]	*signifier*
meet	met	met	*rencontrer*
pay	paid	paid	*payer*
put	put	put	*mettre, poser*
read [ri:d]	read [red]	read [red]	*lire*
ride	rode	ridden	*monter (à cheval/à vélo…)*
ring	rang	rung	*sonner*
run	ran	run	*courir, gérer*
say	said	said [sed]	*dire*
see	saw	saw	voir
sell	sold	sold	*vendre*
send	sent	sent	*envoyer*
set	set	set	*placer, poser*
shake	shook	shaken	*secouer*
shine	shone	shone	*briller*
show	showed	shown	*montrer*
shrink	shrank	shrunk	*rétrécir*
shut	shut	shut	*fermer*
sing	sang	sung	*chanter*
sit	sat	sat	*s'asseoir*
sleep	slept	slept	*dormir*
smell	smelled/smelt	smelled/smelt	*sentir (à l'odeur)*
speak	spoke	spoken	*parler*
spell	spelled/spelt	spelled/spelt	*épeler*
spend	spent	spent	*dépenser, passer (du temps)*
stand	stood	stood	*être debout*
steal	stole	stolen	*voler (= dérober)*
strike	struck	struck	*frapper*
sweep	swept	swept	*balayer*
swim	swam	swum	*nager*
take	took	taken	*prendre, emporter, emmener*
teach	taught	taught	*apprendre, enseigner*
tell	told	told	*dire, raconter*
think	thought	thought	*croire, penser*
throw	threw	thrown	*jeter*
understand	understood	understood	*comprendre*
wake	woke	woken	*(se) réveiller*
wear	wore	worn	*porter (un vêtement)*
win	won	won	*gagner (un prix, etc.)*
write	wrote	written	*écrire*

ANGLAIS
Palier 2
1re année

4e

Good news

Jacqueline Quéniart
Agrégée de l'Université

Marie-Pierre Lemaire
Professeur agrégé au Collège Gérard Philipe, Massy (91)

Julia Bradley-Giraud
Professeur certifié au Collège Jean-François Champollion,
Voisins-le-Bretonneux (78)

Avec la collaboration de
Graham Bushnell
M.A. (Oxon), R.S.A. (Dip. TEFL)

Illustrations
Miss Caroline

BELIN

8, rue Férou
75278 Paris cedex 06
www.editions-belin.com

Toutes les références à des sites Internet présentées dans cet ouvrage ont été vérifiées attentivement à la date d'impression. Compte tenu de la volatilité des sites et du détournement possible de leur adresse, les éditions Belin ne peuvent en aucun cas être tenues pour responsables de leur évolution. Nous appelons donc chaque utilisateur à rester vigilant quant à leur utilisation.

Le code de la propriété intellectuelle n'autorise que « les copies ou reproductions strictement réservées à l'usage privé du copiste et non destinées à une utilisation collective » [article L. 122-5] ; il autorise également les courtes citations effectuées dans un but d'exemple ou d'illustration. En revanche « toute représentation ou reproduction intégrale ou partielle, sans le consentement de l'auteur ou de ses ayants droit ou ayants cause, est illicite » [article L. 122-4].

La loi 95-4 du 3 janvier 1994 a confié au C.F.C. (Centre français de l'exploitation du droit de copie, 20, rue des Grands Augustins, 75006 Paris), l'exclusivité de la gestion du droit de reprographie. Toute photocopie d'œuvres protégées, exécutée sans son accord préalable, constitue une contrefaçon sanctionnée par les articles 425 et suivants du Code pénal.

© Éditions Belin, 2008

ISBN 978-2-7011-**4735**-2

Pour les élèves

Dans *Good News 4e*, tu vas rencontrer six jeunes qui parlent anglais, mais qui vivent dans des pays très différents – certains proches, d'autres très lointains. Tu vas les accompagner dans leur vie quotidienne et partager leurs rencontres, leurs loisirs et leurs intérêts. Tu vas aussi découvrir leurs différents accents. Avec eux, tu vas enrichir et développer ton anglais en élargissant tes horizons.

Good News 4e te permet de bâtir sur ce que tu connais déjà. Il te donne aussi de nouveaux outils pour progresser, mieux comprendre et mieux t'exprimer à l'oral et à l'écrit.

• Pour te servir de *Good News 4e* efficacement, commence par lire les objectifs à atteindre au début de chaque nouveau chapitre et en haut de chaque double page. Puis, fais le point à la fin de chaque double page. Demande-toi si tu es capable de réaliser l'objectif qui t'était fixé. À la fin de chaque chapitre, fais un nouveau point. Évalue toi-même ce que tu es capable de faire en te servant des fiches d'auto-évaluation qui se trouvent à la fin de ton *Workbook*.

• Sois plus curieux qu'un détective. Les photos, les dessins, les cartes et les schémas sont là pour t'aider à comprendre les enregistrements et les textes d'information. Observe-les bien. Essaie d'y trouver tous les indices possibles.

• Prends la parole en classe chaque fois que tu as quelque chose d'intéressant à dire. Joue le jeu des échanges à deux ou à trois. Engage-toi dans toutes les activités proposées, et participe activement aux projets de groupe.

• Concentre-toi enfin pendant les écoutes en classe et n'oublie pas de réécouter souvent ton CD à la maison.

Bon vent avec *Good News 4e* !

Enjoy Good News 4e!

Pour les professeurs

Le projet pédagogique de *Good News 4e*

Good News 4e s'appuie sur les nouveaux programmes, eux-mêmes adossés aux niveaux de compétence définis par le Cadre européen commun de référence pour les langues (CECRL).

Le niveau visé à la fin du palier 2, c'est-à-dire en fin de 3e, est le niveau B1 *(seuil)* qui sera consolidé en seconde. En 4e, les élèves sont donc en route vers B1.

Les élèves ont à leur disposition plusieurs outils pour prendre en main leur apprentissage et pour s'auto-évaluer :

• des objectifs par chapitre, et par *Lesson* ;

• une *Checklist* par *Lesson* pour faire le point sur ce qu'ils maîtrisent réellement ;

• un précis grammatical qui fait la synthèse des points de grammaire étudiés dans *Good News 6e et 5e*, et des nouveaux points abordés dans *Good News 4e* ;

• des exercices gradués ;

• des auto-évaluations à la fin du *Workbook*, adossées au CECR et au *Portfolio européen des langues*.

La compétence de communication est privilégiée sous ses trois aspects : la compréhension orale, l'expression orale en continu et l'expression orale en interaction.

Good News 4e propose de nombreux textes courts à visée culturelle et des textes d'auteur, ainsi que des tâches d'expression écrite régulières. Les tâches communicatives de chaque *Lesson* et les *Projects* de fin de chapitre donnent un sens à tout ce travail d'apprentissage et l'orientent vers l'action.

Enfin, *Good News 4e* propose plus que jamais *une approche actionnelle, active et vivante de la culture** qui stimule l'intérêt de tous.

* Programme de l'enseignement de langues vivantes étrangères au collège. Préambule commun.

Les auteurs

Good news

La double page d'ouverture

Chacun des 7 chapitres s'ouvre par une double page de photos qui introduit la thématique du chapitre, et affiche les objectifs linguistiques et culturels.

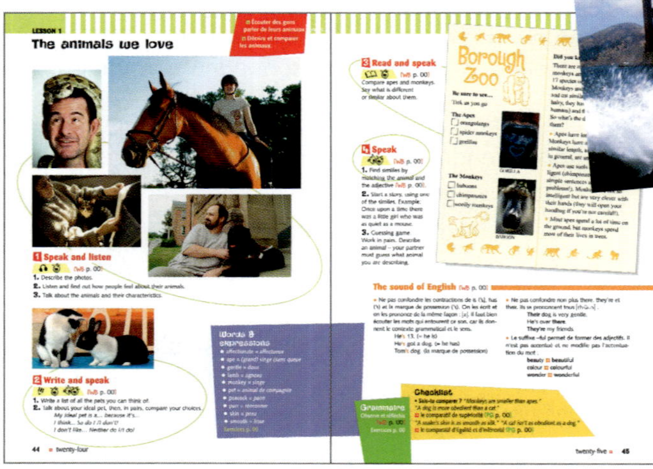

Les *Lessons 2* et *5* : page de gauche

Ces deux *Lessons* constituent l'entraînement méthodologique à la **compréhension orale** de conversations de la vie quotidienne. La découverte du sens se fait progressivement. Elle aboutit au résumé et au commentaire puis à une **interaction** ou une **prise parole en continu**.

La *Lesson 1*

Cette leçon introduit la **thématique** et le **champ lexical** du chapitre et réactive quelques structures grammaticales.
Elle offre des activités d'écoute motivantes associées à diverses **tâches** d'expression.
La rubrique ***The sound of English*** approfondit et systématise les repères phonologiques.
Les exercices correspondants sont dans le *Workbook*.

Words & expressions

Les mots à apprendre et à retenir, avec renvoi aux exercices du manuel (en fin de chapitre).

La *Lesson 3*

Cette double page met en scène un **texte de lecture authentique** pour le plaisir dont la thématique est liée à celle du chapitre. Les fiches de lecture dans le *Workbook* font travailler la compréhension globale et la compréhension fine.

Grammaire

Renvoi à la réflexion grammaticale dans le *Workbook* et aux exercices du manuel (en fin de chapitre).

La *Lesson 4*

Cette double page est consacrée à l'**exploration culturelle**.

La rubrique *Radio Good News* est un document sonore qui sollicite la compréhension orale de l'élève. Le reste de la double page est constituée de courts textes ainsi que d'illustrations qui présentent des faits culturels.

Checklist

Les compétences activées, les points de grammaire soulevés, avec renvoi au précis grammatical et à la **réflexion grammaticale** dans le *Workbook*.

Les *Lessons 2* et *5* page de droite

La page de droite de la *Lesson 2* propose un document de la vie quotidienne à regarder, lire et commenter avant de préparer un nouveau jeu de rôle ou une nouvelle **prise de parole**. Celle de la *Lesson 5* prolonge la compréhension orale par un entraînement à l'**expression écrite**.

La double page exercices

Chaque chapitre se termine par une page d'exercices de vocabulaire et une page d'exercices de grammaire, classés par Lesson.

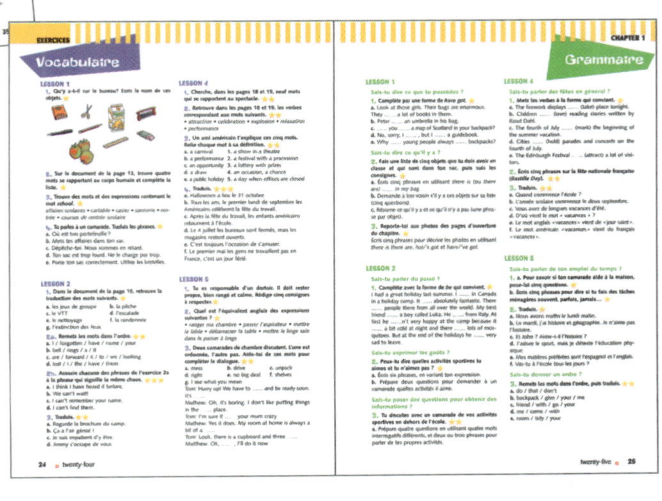

La double page *Project*

Elle propose à l'élève de réaliser un projet ; elle s'inscrit donc dans la perspective actionnelle du CECRL recommandée par les nouveaux programmes du palier 2. Elle permet un rebrassage des acquisitions linguistiques et culturelles faites dans le chapitre et offre une ouverture culturelle et interculturelle.

Dans ce chapitre, tu vas

Tu vas utiliser *have got, there is/there are* • le présent simple • l'impératif • *was/were*

CHAPTER 1

We're teenagers

Backpacks

- Parler de ce que tu possèdes.
- Parler de ce qui est dans ton sac à dos.

A

B

C

D

1 Speak and listen

[WB p. 4]

1. Describe the photos.

2. Listen, guess what they've got in their backpacks.

3. Play the snowball game.

– *In my schoolbag I've got some books.*

– *In my schoolbag I've got some books and a pencil-case.*

– *In my schoolbag…*

2 Speak

1. Talk about the cartoon.

2. Guess what's on the little girl's list.

National School Backpack Awareness Day

Pack It Light, Wear It Right

Backpacks are popular and practical for carrying books and school things. But if your backpack is too heavy or if you don't wear it correctly, you could get backaches.

Here are a few tips to help you:

- Choose the right backpack. Make sure it has: two wide, padded shoulder straps, with a padded back, with many compartments.

- Pack it correctly, pack it light. Organize the backpack to use all of its compartments. Put the books you don't need in your school lockers.
- Wear it correctly. Use both shoulder straps. Tighten the straps so that the pack is close to the body. Wear the waist belt if your backpack has got one.

3 Speak and write

[WB p. 5]

1. Talk about the poster.

2. Label the drawing.

4 Pairwork

Act out a conversation at the lost property office.

The sound of English [WB p. 5]

Dans les mots monosyllabiques, la voyelle **a** se prononce :
– [æ] si elle est suivie d'une ou plusieurs consonnes, comme dans *bad* ou *back*
– [eɪ] si elle est suivie d'un e, comme dans *make*.

Dans les phrases déclaratives, l'intonation est généralement descendante, et le glissement descendant se fait sur le dernier mot accentué. Dans une énumération, la voix monte tant que la liste n'est pas terminée. Elle ne descend que sur le dernier mot de la liste.

Words & expressions

- backpack = *sac à dos*
- fashion = *(la) mode*
- Hurry up! = *Dépêche-toi !*
- wallet = *portefeuille*

Exercices p. 24

Grammaire

Exercices p. 25

Checklist

Sais-tu dire ce que tu possèdes : *"I've got a backpack"*
→ *have got* [PG p. 5]

Sais-tu dire ce qu'il y a (ex : dans ton sac-à-dos) ?
"There's a pencil case." "There are a lot of things."
→ *there is, there are* [PG p. 5]

At the summer camp

- Demander et donner des informations personnelles.
- Obtenir des informations.
- Parler de ce que tu aimes faire.

Sean

Tim

1 Listen and understand

[WB p. 6] Meet two of the campers and find information.

2 Read and speak

Read an extract from Janet's diary and talk about it.

Janet

Monday, August 3

Today is my first day at the Rocky Mountain Summer Camp. It's really exciting. We all come from different countries and we don't know each other. But we have a list of the members of our group. We also have the camp brochure with the timetable and activities. Looks great! I'm really looking forward to it.

PS. Our group leader's name is Jimmy. He is the young guy who's looking after us. He's like a big brother or an older friend. I hope he's cool.

3 Listen and understand

[WB p. 6]

Find out about Janet and her problem.

4 Listen and speak

[WB p. 6]

Act out one of the dialogues.

Words & expressions

- backpacking trip = *randonnée*
- biking = *VTT*
- fishing = *pêche*
- rock-climbing = *escalade*
- sharing = *partage*
- Does that ring a bell? = *Cela te rappelle quelque chose ?*
- I've forgotten = *j'ai oublié*
- mail = *courrier*
- Maybe I've lost it = *je l'ai peut-être perdu*
- look forward to = *être impatient de*

Exercices p. 24

5 Listen and understand

[WB p. 7] Find out about the Rocky Mountain Summer Camp.

A typical day at camp

7 am ...... Early morning activities including fishing, jogging, tennis, horse roundup.
8 am ...... Breakfast.
8.30 am .... Cabin clean up.
9 am ...... Morning activities: rock-climbing, white-water rafting, backpacking trip.
Noon ...... Free time for pool, lagoon, to enjoy friends and surroundings.
12.30 pm... Lunch.
1.15 pm.... Letter-writing.
2.30 pm.... Afternoon activities: songwriting, canoeing, biking.
5.30 pm.... Free time.
6 pm ...... Dinner.
6.45 pm..... Mail call, sharing of day's events.
7.30 pm.... All camp activity: group games, dances, campfires.
9 pm ...... Snack time and cabin time.
10 pm ..... Lights out.

6 Read and speak

[WB p. 7]

1. Classify the activities.
2. Find questions to ask.
3. Discuss the schedule with a partner.

7 Read and speak

[WB p. 8]

Choose one of the summer camps in your Workbook.

I like/enjoy/prefer...

I think it looks...

I'd like to go to...

I'm interested in...

I choose... because you can...

Checklist

Sais-tu parler du passé ? *"I was here last year."* → *be* au prétérit [PG p. 4]
Sais-tu parler de toi ? *"I come from Kansas City."* → le présent simple [PG p. 6]
Sais-tu exprimer tes goûts ? *"I like rockclimbing."* → *like/love + V-ing* [PG p. 27]
Sais-tu parler d'activités ? *"Canoeing is at 2.30."* → le gérondif [PG p. 27]
Sais-tu poser des questions pour obtenir des informations ? *What/When/Where... ?* → les *Wh questions* [PG p. 24]

Grammaire
Exercices p. 25

LESSON 3

A letter from Australia

Comprendre des informations écrites (détails personnels : apparence physique, famille, école, activités…).

Sandra, a French student in 4e, joined a penfriend club last December and this is the first letter she received.

1 Read and understand

[WB p. 9]

5th January

Dear Sandra,

Hi. My name is Catherine Pendleton, and I'm going to be your pen friend. Some of my friends call me Cat so I guess you can too. I go to boarding school in Brisbane which may be the address you already have, but it is summer holidays now and I'm at home. If you want to write to me before 28th January, write to P.O. Box 2401, Mount Isa, Queensland, Australia, 4825. After then write to Somerville House, P.O. Box 357, South Brisbane, Queensland, Australia, 4101.

Let me tell you a bit about myself. I'm 14 years old and will be in grade ten next year. As you can see by the photo, I'm average height with shoulder length coppery blonde hair and blue-green eyes. I live with my mum, my dad and my brother Peter. Peter is the youngest of my three brothers and is seventeen. My eldest brother, David, is 28, married, lives in Melbourne and works as a research technician with computers. My middle brother, Simon, is 25, an officer in the air force.

The subjects I learn in school are Maths, English, Science, History, German, Speech and Drama, Computer Studies, Religious Education (R.E.) and Physical Education (P.E.). I'm in the school choir, I play the violin and I play chess too. I like cats, reading (when I have time), going shopping, rainforests, animals, gardening, art, watching movies and having fun with friends.

Well, as I've told you, I go to boarding school during term time and only come home for the holidays. I don't come home for weekends *because it's so far – 1824 kilometres! That's a 26-hour bus trip, a 2-hour plane trip, or a day and a half in the car stopping overnight.*

The application form says that I should tell you about my daily life. Well, this could be boring! I wake up at 6.45am and have breakfast at about 7.30. Then school starts at 8.25. We have 8 lessons and finish at 3.30. Then I have free time until 5.30, which is dinner time. From 6.30-8.30 we have prep (homework time) and then bedtime is at 9.30. On the weekends we often go out to the city to shop, or to the markets at Southbank, which is on the Brisbane river.

I hope you enjoyed my letter. I'm really looking forward to hearing about France – I'd love to go there one day – so please write back soon!

Cat

Paul's Breaker Beach, Brisbane.

A signpost in Mount Isa.

Help

- coppery = *cuivré*
- I guess = *je pense / je suppose*
- I'd (= I would) love to… = *j'aimerais beaucoup…*
- term = *trimestre*
- until = *jusqu'à*

Holidays, festivals and schooldays

- Découvrir les origines du mot *holiday*.
- Découvrir quelques fêtes importantes au Royaume-Uni et aux États-Unis.

radio good news
Today's documentary:
the Summer Break

1 Listen and understand

[WB p. 11]

Find out about the word «holiday».

2 Read and speak

[WB p. 11]

1. Find out where and when the festivals take place.
2. Find out about the events in each festival.
3. Talk about Roald Dahl.

The Notting Hill Carnival

The carnival explodes on a bank holiday Monday – the last Monday of August. It is London's greatest street party. It celebrates the harmony and diversity of 21st century London and expresses a multicultural vision of the city. "Set all free" was the theme of the 43rd festival.

Notting Hill Carnival, the greatest street party in London.

Labor Day

In the USA, the first Monday in September marks the end of the summer vacation period. School starts the next day! Because the holiday is on a Monday, people often go away for a long weekend. Others choose to stay at home and relax. All attractions and shopping facilities are open.

A street performer at the Edinburgh Festival.

The Edinburgh Festival

The Edinburgh Festival is in fact two festivals. Firstly, there is the International Festival. It began in 1947 and takes place over a three-week period in late August and early September every year. It consists of performances of classical music, theatre, opera and dance. But a lot of other – smaller – shows take place at the same time. They are the second part of the Festival: "The Fringe". These shows sometimes take place in small theatres, but people also perform in pubs and cafés, and even in the street!

D

A poster for the film based on Roald Dahl's book.

Roald Dahl Day

There are activities all around the UK on 13th September to celebrate Roald Dahl's birth. It's a fantastic opportunity to remember the World's N° 1 storyteller (who died in 1990) and to read his stories. And you can take part in a "fantabulous" fiendish quiz, devised by the brains at the Roald Dahl Museum, or enter a postcard prize draw.

Relaxing on Labor Day at Skanateales Lake, NY.

Independence Day

The Fourth of July is a time for patriotic celebrations, picnics and relaxation in the USA. Many towns and cities hold parades, concerts and firework displays. It's a public holiday when banks and offices are closed but all stores, restaurants and attractions remain open.

"Uncle Sam" at an Independence Day parade.

E

Words & expressions

- closed (≠ open) = *fermé*
- stay at home = *rester à la maison*
- celebrate = *fêter*
- take part = *participer*
- take place = *avoir lieu*
- firework = *feu d'artifice*
- parade = *défilé*
- it's an opportunity to = *c'est l'occasion de*

Exercices p. 24

Grammaire

Exercices p. 25

Checklist

Sais-tu parler des fêtes en général ?

"It takes place at the end of the summer."

le présent simple [PG p. 6]

Roommates

- Parler de ce que tu fais tous les jours et de ce que tu aimes faire.
- Écrire un paragraphe sur ta classe pour le site web de ton collège.

1 Listen and understand

[WB p. 13]

1. Listen to Jimmy and find out about the bedrooms.

2. Listen to the boys and find out who is going to share their room.

3. Label the shelves.

4. Talk about the boys (attitude, personality…).

Jimmy

Tim

Steve

2 Listen and understand

[WB p. 13]

1. Dialogue 1. Take notes about the girls, then talk about them.

2. Dialogue 2. Find out if the girls like doing the housework.

Sharon

Pat

3 Listen and speak

[WB p. 14]

Are you like Sharon or like Pat? Choose your part and act it out.

Words & expressions

- are we allowed to…? = *avons-nous la permission de… ?*
- I see what you mean = *je vois ce que tu veux dire*
- it's no big deal = *faut pas en faire une histoire*
- it drives my Mum crazy = *cela rend ma mère folle*
- it's worth it = *cela en vaut la peine*
- except on Saturdays = *sauf le samedi*

Exercices p. 24

Émilie's teacher wants to start an email exchange with another class in an English-speaking country. Émilie has to write about her class – 4B – for the school website.

I go to Saint-Exupéry school and I'm in class 4B. There are twenty-seven pupils in the class. We go to school every day, except on Saturdays and Sundays. School starts at 8.30 am and finishes at 5 pm, except on Wednesdays when we finish at 12.30. Tuesdays are different too, because we start later, at 9.30.
I walk to school but my best friend lives too far away, so she takes the bus. My favourite subjects are French and English. We can learn three foreign languages: English, Spanish and German. I also like music and history, but I don't like physics – I hate it. Our teachers are nice, but they're quite strict: you can't be lazy at our school!
Next May, our class is going to Scotland with our English teacher. I'm really excited because it will be my first trip to Great Britain!

4 Read and speak

[WB p. 14]

1. Read Émilie's first paragraph in your Workbook. Her teacher has underlined what she has to correct.

2. Now read the corrected paragraph. What's different?

5 Write

[WB p. 15]

1. In groups, choose a subject: "our clothes", "our food", "our music" or "our hobbies".

2. Each person writes a paragraph. Choose the best one for the school website.

Compare English & French [WB p. 16]

School starts at 8.30 am.	L'école commence à 8 heures 30 du matin.
My favourite subjects are French and English.	Les matières que je préfère sont le français et l'anglais.
I don't like physics.	Je n'aime pas la physique.
We can learn Spanish and German.	Nous pouvons étudier l'espagnol et l'allemand.
We go to school every day, except on Saturdays and Sundays.	Nous allons à l'école tous les jours sauf le samedi et le dimanche.

Checklist

Sais-tu parler de ton emploi du temps ? *"We can learn French" "Tuesdays are different."*
l'article zéro [PG p. 16]
"We start at..." "I tidy my room every day!"
les expressions de fréquence [PG p. 7]

Sais-tu donner un ordre ? *"Tidy your room!"*
l'impératif [PG p. 6]

Sais dire ce que tu aimes faire ? *"I love being alone..." "I like to listen to my CDs."*
like/love + V-ing ; like/love + to + V [PG p. 27]

Grammaire
Exercices p. 25

Faire une carte et un poster sur l'Europe.

How European are you?

The 12 stars on the EU flag do not correspond to the number of member states. The number 12 was chosen for many reasons: there are 12 signs of the zodiac, 12 hours on a clock, 12 months in a year …

The European Union Parliament sits in Strasbourg. Its members (the Euro-MPs) are elected every five years by the citizens of the member states.

The European Commission sits in Brussels. The European commissioners make proposals for new laws and do the administrative work of the EU.

The beginings of Europe

During the Middle Ages, Western European countries had 3 important things in common: educated people could speak the same language (Latin), the political and social systems were similar, and most people had the same religion. But, at that time, there were no planes, no trains, no radio, no television, no Internet – most people knew nothing about their neigbours in Europe. They identified with their own small communities, not with nations or continents. Now, things are different.

1952 Belgium, France, Italy, Luxembourg, the Netherlands and West Germany form The European Coal and Steel Community (ECSC).

1957 The Treaty of Rome is signed and then the ECSC becomes The European Economic Community (EEC).

1961 The Berlin wall is built.

1973 Britain, Ireland and Denmark join the EEC.

1981 Greece joins the EEC.

1985 The EEC is now called the European Community (EC).

1986 Spain and Portugal join the EC.

1989 The Berlin wall falls.

1989 Germany is reunified.

1992 The EC is now called the European Union (EU).

1994 The Channel Tunnel is opened.

1995 Austria, Sweden and Finland join the EU.

2002 The euro comes into circulation.

2004 The Czech Republic, Estonia, Cyprus, Latvia, Lithuania, Hungary, Malta, Poland, Slovenia and Slovakia join the EU.

2007 Bulgaria and Romania join the EU. (Croatia, Turkey and Macedonia have applied for membership.)

The European Union, a growing family

EUROPE QUIZ

[WB p. 16]

1. How many countries are members of the EU?

2. Where is the European Parliament?

3. Who is your Member of Parliament for Europe?

4. What country do you associate with each picture?

5. How many languages are spoken in Europe?

6. What is the European Day of Languages?

If you don't know the answers, find the information on the Internet.
These sites will help you:
http://europa.eu/
http://www.europarl.europa.eu/members.do
http://www.coe.int/EDL

Mozart

Project work [WB p. 17]

A. Make a map

1. Work in groups of 5 or 6. Look at the map of Europe in your Workbook and fill in the missing capital cities.

2. Identify the flags you can see on this page and redraw them in the right place in your Workbook.

3. Colour the countries according to when they joined "Europe": one colour for the 6 founder members, another colour for the 3 countries that joined in 1973, etc.

4. Work individually. Choose 1 country and prepare a very short paragraph on it. Then choose a famous person, a famous place and a famous product from the country. For example, for Italy: Michelangelo, Rome and spaghetti! Find a picture of each one and get ready to present them to the class.

5. Present the map and the countries to the class.

B. Make a poster

1. Find out as much as you can about the European Day of Languages.

2. Work in groups and plan a programme of events to celebrate the European Day of Languages.

3. Make a poster to tell people about your programme of events.

You can find posters, postcards, stickers, desktop wallpaper, etc. on http://www.cilt.org.uk/edl/downloads.htm#leaflet07

Vocabulaire

LESSON 1

1. Qu'y a-t-il sur le bureau? Ecris le nom de ces objets. ★

2. Sur le document de la page 13, trouve quatre mots se rapportant au corps humain et complète la liste. ★

3. Trouve des mots et des expressions contenant le mot *school*. ★

affaires scolaires • *cartable* • *casier* • *sonnerie* • *rentrée* • *courses de rentrée scolaire*

4. Tu parles à un camarade. Traduis les phrases. ★

a. Où est ton portefeuille ?
b. Mets tes affaires dans ton sac.
c. Dépêche-toi. Nous sommes en retard.
d. Ton sac est trop lourd. Ne le charge pas trop.
e. Porte ton sac correctement. Utilise les bretelles.

LESSON 2

1. Dans le document de la page 15, retrouve la traduction des mots suivants. ★

a. les jeux de groupe
b. la pêche
c. le VTT
d. l'escalade
e. le nettoyage
f. la randonnée
g. l'extinction des feux

2a. Remets les mots dans l'ordre. ★★

a. I / forgotten / have / name / your
b. bell / rings / a / it
c. are / forward / it / to / we / looking
d. lost / I / the / have / them

2b. Associe chacune des phrases de l'exercice 2a à la phrase qui signifie la même chose. ★★★

a. I think I have heard if before.
b. We can't wait!
c. I can't remember your name.
d. I can't find them.

3. Traduis. ★★

a. Regarde la brochure du camp.
b. Ça a l'air génial !
c. Je suis impatient d'y être.
d. Jimmy s'occupe de vous.

LESSON 4

1. Cherche, dans les pages 18 et 19, neuf mots qui se rapportent au spectacle. ★★

2. Retrouve dans les pages 18 et 19, les verbes correspondant aux mots suivants. ★★

• *attraction* • *celebration* • *explosion* • *relaxation* • *performance*

3. Un ami américain t'explique ces cinq mots. Relie chaque mot à sa définition. ★★

a. a carnival — **1.** a show in a theatre
b. a performance — **2.** a festival with a procession
c. an opportunity — **3.** a lottery with prizes
d. a draw — **4.** an occasion, a chance
e. a public holiday — **5.** a day when offices are closed

4. Traduis. ★★★

a. Halloween a lieu le 31 octobre.
b. Tous les ans, le premier lundi de septembre les Américains célèbrent la fête du travail.
c. Après la fête du travail, les enfants américains retournent à l'école.
d. Le 4 juillet les bureaux sont fermés, mais les magasins restent ouverts.
e. C'est toujours l'occasion de s'amuser.
f. Le premier mai les gens ne travaillent pas en France, c'est un jour férié.

LESSON 5

1. Tu es responsable d'un dortoir. Il doit rester propre, bien rangé et calme. Rédige cinq consignes à respecter. ★

2. Quel est l'équivalent anglais des expressions suivantes ? ★

• *ranger ma chambre* • *passer l'aspirateur* • *mettre la table* • *débarrasser la table* • *mettre le linge sale dans le panier à linge*

3. Deux camarades de chambre discutent. L'une est ordonnée, l'autre pas. Aide-toi de ces mots pour compléter le dialogue. ★★

a. mess **b.** drive **c.** unpack
d. right **e.** no big deal **f.** shelves
g. I see what you mean

Tom: Hurry up! We have to ...... and be ready soon. It's ......
Mathew: Oh, it's boring. I don't like putting things in the ...... place.
Tom: I'm sure it ...... your mum crazy.
Mathew: Yes it does. My room at home is always a bit of a ......
Tom: Look, there is a cupboard and three ......
Matthew: Ok, ... , I'll do it now.

Grammaire

LESSON 1

Sais-tu dire ce que tu possèdes ?

1. Complète par une forme de *have got*. ★

a. Look at those girls. Their bags are enormous. They ...... a lot of books in them.
b. Peter ...... an umbrella in his bag.
c. ...... you ...... a map of Scotland in your backpack?
d. No, sorry, I ...... , but I ...... a guidebook.
e. Why ...... young people always ...... backpacks?

Sais-tu dire ce qu'il y a ?

2. Fais une liste de cinq objets que tu dois avoir en classe et qui sont dans ton sac, puis suis les consignes. ★

a. Écris cinq phrases en utilisant *there is* (ou *there are) ...... in my bag*.
b. Demande à ton voisin s'il y a ces objets sur sa liste (cinq questions).
c. Résume ce qu'il y a et ce qu'il n'y a pas (une phrase par objet).

3. Reporte-toi aux photos des pages d'ouverture du chapitre. ★

Écris cinq phrases pour décrire les photos en utilisant *there is there are, has/'s got* et *have/'ve got*.

LESSON 2

Sais-tu parler du passé ?

1. Complète avec la forme de *be* qui convient. ★

I had a great holiday last summer. I ...... in Canada in a holiday camp. It ...... absolutely fantastic. There ...... people there from all over the world. My best friend ...... a boy called Luka. He ...... from Italy. At first he ......n't very happy at the camp because it ...... a bit cold at night and there ...... lots of mosquitoes. But at the end of the holidays he ...... very sad to leave.

Sais-tu exprimer tes goûts ?

2. Peux-tu dire quelles activités sportives tu aimes et tu n'aimes pas ? ★

a. Écris six phrases, en variant ton expression.
b. Prépare deux questions pour demander à un camarade quelles activités il aime.

Sais-tu poser des questions pour obtenir des informations ?

3. Tu discutes avec un camarade de vos activités sportives en dehors de l'école. ★★

a. Prépare quatre questions en utilisant quatre mots interrogatifs différents, et deux ou trois phrases pour parler de tes propres activités.

LESSON 4

Sais-tu parler des fêtes en général ?

1. Mets les verbes à la forme qui convient. ★

a. The firework displays ...... (take) place tonight.
b. Children ...... (love) reading stories written by Road Dahl.
c. The fourth of July ...... (mark) the beginning of the summer vacation.
d. Cities ...... (hold) parades and concerts on the fourth of July.
e. The Edinburgh Festival ...... (attract) a lot of visitors.

2. Écris cinq phrases sur la fête nationale française (*Bastille Day*). ★★

3. Traduis. ★★

a. Quand commence l'école ?
b. L'année scolaire commence le deux septembre.
c. Vous avez de longues vacances d'été.
d. D'où vient le mot « vacances » ?
e. Le mot anglais « vacances » vient de « jour saint ».
f. Le mot américain « vacances » vient du français « vacances ».

LESSON 5

Sais-tu parler de ton emploi du temps ?

1. a. Pour savoir si ton camarade aide à la maison, pose-lui cinq questions. ★
b. Écris cinq phrases pour dire si tu fais des tâches ménagères souvent, parfois, jamais... ★

2. Traduis. ★

a. Nous avons maths le lundi matin.
b. Le mardi, j'ai histoire et géographie. Je n'aime pas l'histoire.
c. Et John ? Aime-t-il l'histoire ?
d. J'adore le sport, mais je déteste l'éducation physique.
e. Mes matières préférées sont l'espagnol et l'anglais.
f. Vas-tu à l'école tous les jours ?

Sais-tu donner un ordre ?

3. Remets les mots dans l'ordre, puis traduis. ★★

a. do / that / don't
b. backpack / give / your / me
c. friend / with / go / your
d. me / come / with
e. room / tidy / your

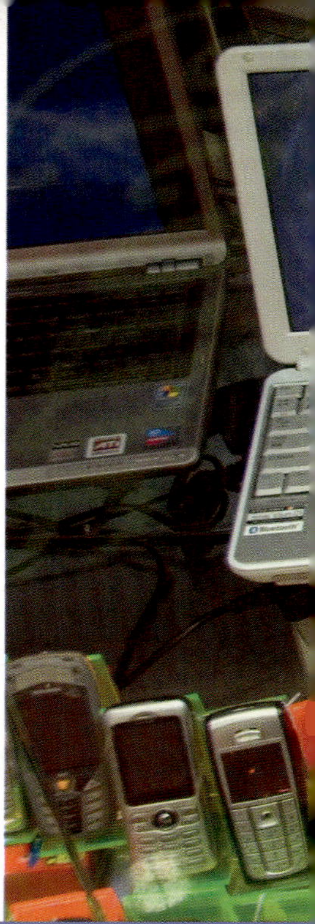

Dans ce chapitre, tu vas

Tu vas utiliser le présent en *be* +V-*ing* le présent simple le prétérit

CHAPTER 2

Let's communicate!

LESSON 1

Using a computer

Apprendre les mots utiles pour parler des ordinateurs.

1 Speak and listen

[WB p. 20]

Listen and label the computer.

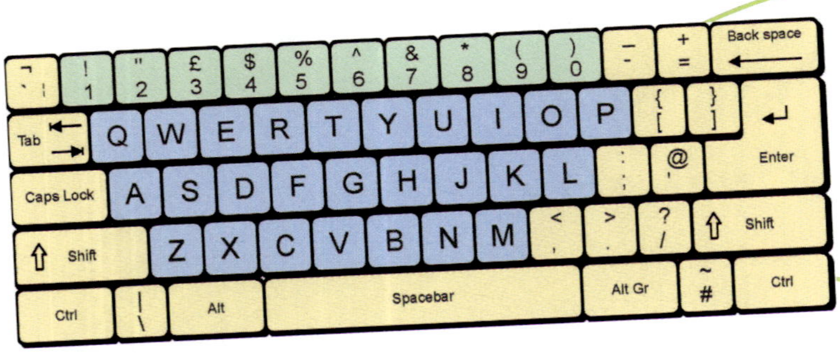

2 Listen and speak

[WB p. 20]

1. Listen and find out about the QWERTY keyboard.

2. Compare this keyboard with your own computer.

3. Quiz your partner.
– *What's … for?*
– *What's … called?*

3 Speak and listen

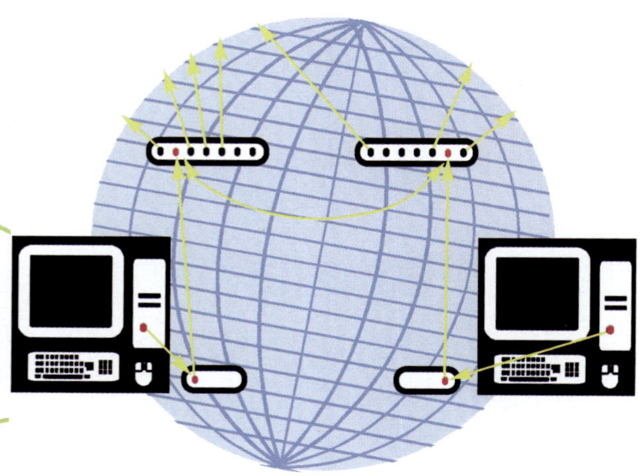

1. Describe how an e-mail travels.

2. Listen and find out if you were right.
I was wrong/right.
I thought/I didn't think that…
I forgot/I didn't remember that…

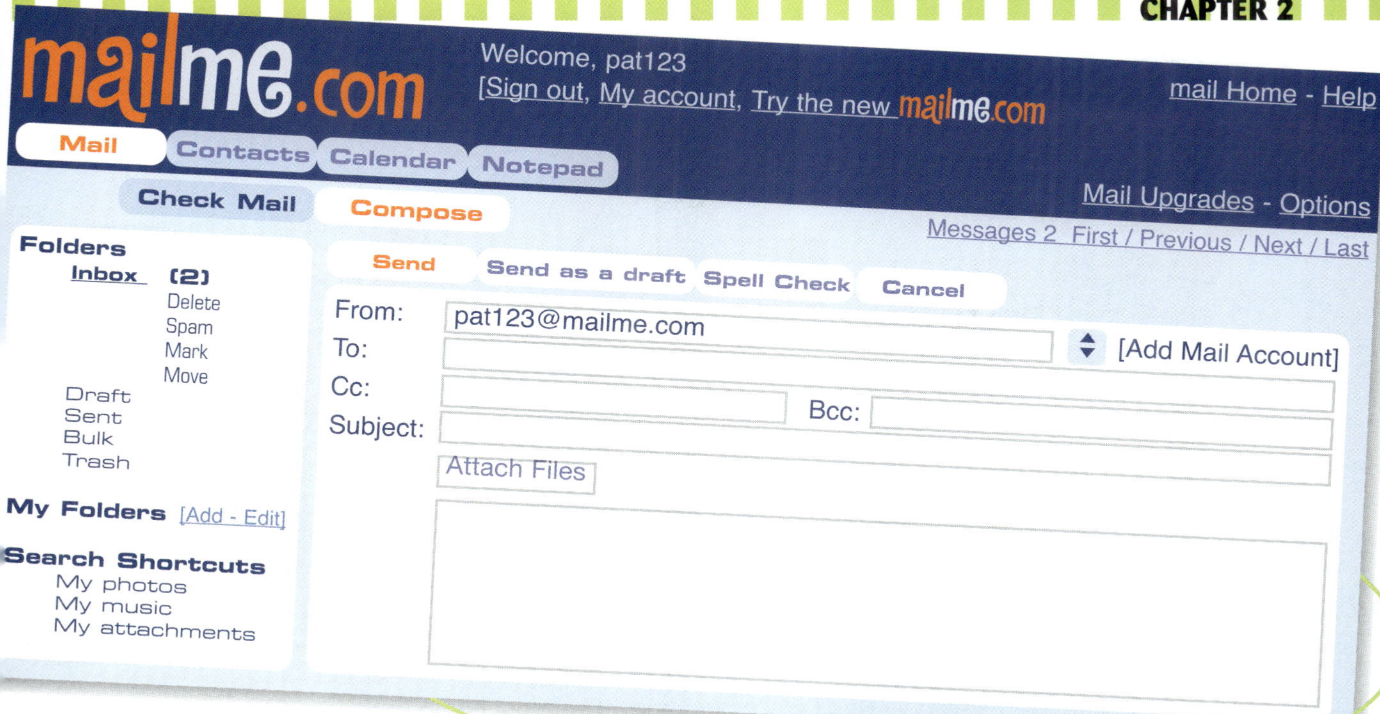

4 Speak, read and listen

[WB p. 21]

1. Explain how to send an email.

2. Listen and check your explanation.

The sound of English [WB p. 22]

• Dans les mots anglais de deux syllabes ou plus, il y a toujours une syllabe qui est accentuée (ex : **chap**ter, Ja**pan**, **ho**liday…).

• Généralement, la voyelle « **i** » se prononce :

– [ɪ] si elle est suivie d'une ou plusieurs consonnes, comme dans *big* ou *sick*.
Ne pas confondre le son [ɪ] avec le son [iː] de *green*.

– [ai], si elle est suivie d'une consonne et puis d'un « e », comme dans *five*.

5 Speak

You are at the computer store with someone who knows nothing about computers. Imagine your conversation.

Words & expressions

- above = *au-dessus (de)*
- computers = *ordinateurs, informatique*
- desktop = *de bureau*
- keyboard = *clavier*
- on the left/right = *à gauche/droite*
- press *(v.)* = *appuyer sur*
- speaker = *haut parleur*
- the bottom row = *la rangée du bas*
- type *(v.)* = *taper*

Exercices p. 40

Grammaire

Observe et réfléchis [WB p. 21]

Exercices p. 41

Checklist

Sais-tu dire et demander à quoi sert un objet ?

"What's the shift key for?"
"It's for typing capital letters."

What … for? [PG p. 25]

Sais-tu décrire les étapes d'une manipulation ?

first,… then,… next,… finally,…

les mots de liaison [PG p. 29]

What's new?

- Demander et donner des nouvelles par téléphone.
- Découvrir comment naviguer sur un site web en anglais.

1 Read and speak

[WB p. 22]

1. Find out why Pat is sending an email to Steve.

2. Find three words in Pat's email that are related to computers and the Internet.

From
To
Subject
Attached

Hi Steve,
How are you? How's school? Hope you're well. I've attached a photo of us taken at the camp. Hope you like it.
Why don't you give me a call one day? We can chat online, but it would be nicer to hear your voice. I know phoning is expensive, but I'll soon have a webcam with a mike, so we can hear and see each other at the same time!
I'm free on Sunday evening (that's Sunday morning for you!), so give me a ring about 10am your time if you can. I can't wait to hear your news!
Love,
Pat

2 Listen and understand

[WB p. 23]

1. Listen and find out who is phoning who.

2. Find some phrases for beginning and ending a phone call.

3. Put the pictures in the right order and take notes.

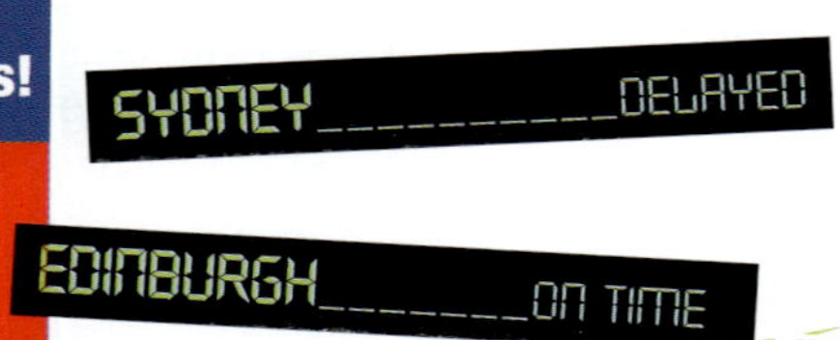

3 Speak

Call your best friend after the holidays and ask about how he/she spent the summer.
- *Where/When did you…*
- *Were you…*
- *Did you…*

4 Listen and understand

[WB p. 24]

1. Listen and find out about Tim and Sean.

2. Describe Tim's feelings.

5 Listen and understand

[WB p. 26]

Listen to Amanda and Morgan.
What do they use their computers for?

Amanda

Morgan

6 Read and speak

[WB p. 26]

Explain how to find information on the website.

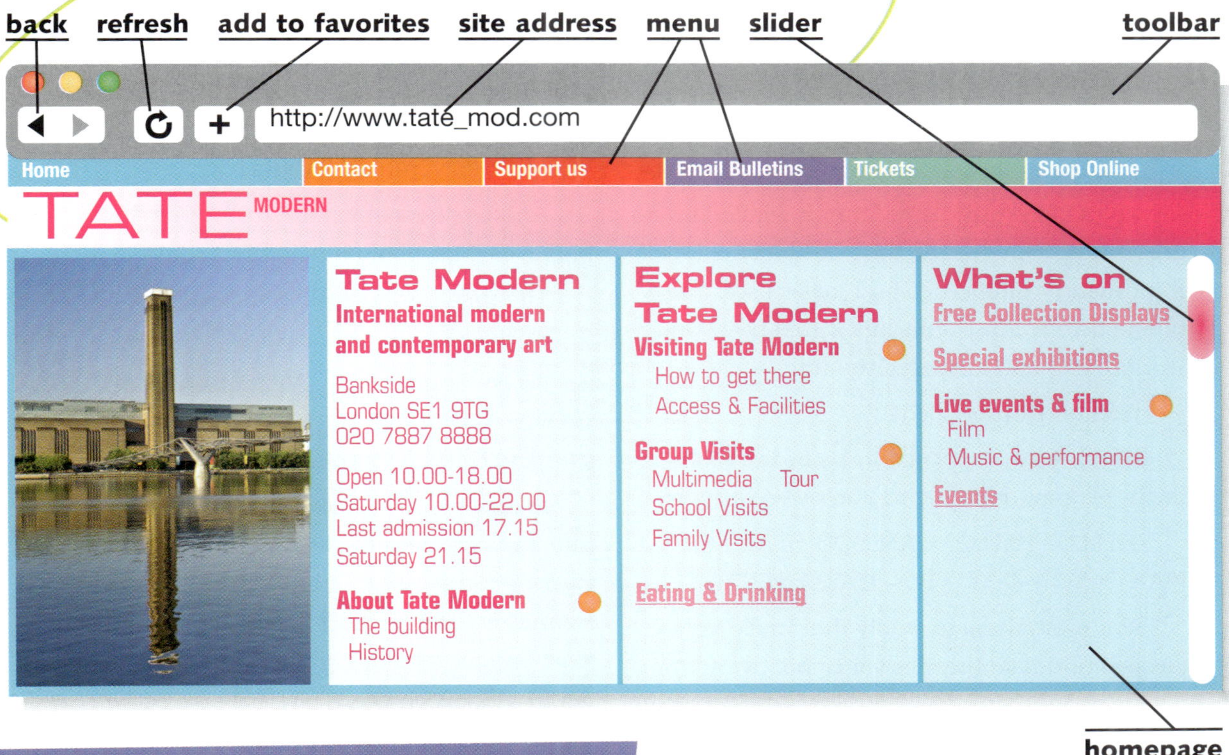

Words & expressions

- click on (v.) = *cliquer sur*
- Hold on, please. = *Ne quittez pas, s'il vous plaît.*
- lose (lost, lost) = *perdre*
- on time = *à l'heure*
- scroll up/down = *faire dérouler*
- send (sent, sent) (v.) = *envoyer*
- Speak (to you) soon. = *À bientôt (au téléphone).*
- Take care! = *Au revoir ! (litt. : Prends soin de toi !)*
- Thanks for calling.
  = *Merci d'avoir appelé.*
- This is... = *Ici...*

Exercices p. 40

Grammaire

Observe et réfléchis

[WB p. 24, 25]

Exercices p. 41

Checklist

Sais-tu parler d'événements passés ?

Was/were... ? Did... ? What/Where/When did... ?

le prétérit [PG p. 9]

Sais-tu dire ce que quelqu'un fait en ce moment ?

"She's watching TV"

le présent en *be* + *V-ing* [PG p. 7]

LESSON 3

Harry's in trouble

Lire et comprendre un extrait de *Harry Potter and the Prisoner of Azkaban.*

Harry Potter, a young wizard, was on holiday with his Muggle[1] family. But he hated it because they were afraid of his magic.

1 Read and understand

[WB p. 27]

Harry was keen to avoid trouble with his aunt and uncle at the moment, as they were already in a bad mood with him, all because he had received a telephone call from a fellow[2] wizard[3] one week into the school holidays.

Ron Weasley, who was one of Harry's best friends at Hogwarts, came from a whole family of wizards. This meant that he knew a lot of things Harry didn't, but had never used a telephone before. Most unluckily it had been Uncle Vernon who had answered the call.

'Vernon Dursley speaking.'

Harry, who happened to be in the room at the time, froze as he heard Ron's voice answer.

'HELLO? HELLO? CAN YOU HEAR ME? I – WANT – TO – TALK – TO – HARRY POTTER!'

Ron was yelling so wildly that Uncle Vernon jumped and held the receiver a foot away from his ear, staring at it with an expression of mingled fury and alarm.

'WHO IS THIS? he roared in the direction of the mouthpiece. 'WHO ARE YOU?'

'RON – WEASLEY!' Ron bellowed back as though he and Uncle Vernon were speaking from the opposite end of a football pitch. 'I'M – A- FRIEND – OF – HARRY'S – SCHOOL'

Uncle Vernon's small eyes swivelled around to Harry who was rooted to the spot.

'THERE'S NO HARRY POTTER HERE!' he roared, now holding the receiver at arm's length, as though frightened it might explode. 'I DON'T KNOW WHAT SCHOOL YOU'RE TALKING ABOUT! NEVER CONTACT ME AGAIN! DON'T YOU COME NEAR MY FAMILY!'

And he threw the receiver back onto the telephone as if dropping a poisonous spider.

The row that had followed had been one of the worst ever.

'HOW DARE YOU GIVE THIS NUMBER TO PEOPLE LIKE YOU! Uncle Vernon had roared, spraying Harry with spit.

Ron obviously realised that he'd got Harry into trouble, because he hadn't called again. Harry's other best friend from Hogwarts, Hermione Granger, hadn't been in touch either. Harry suspected that Ron had warned Hermione not to call, which was a pity, because Hermione, the cleverest witch in Harry's year, had Muggle parents, knew perfectly well how to use a telephone, and would probably have had enough sense not to say that she went to Hogwarts.

So Harry had had no word from any of his wizarding friends for five long weeks…

From *Harry Potter and the Prisoner of Azkaban*, J. K. Rowling.

[1] Muggle = *(dans les romans de J. K. Rowling :) les humains qui n'ont aucun pouvoir magique*
[2] fellow = *camarade*
[3] wizard = *sorcier*

Help

- as though, as if = *comme si*
- football pitch = *terrain de football*
- (It's) a pit = *(c'est dommage)*
- row [raʊ] = *dispute*
- spit = *salive, saliver*
- warn = *avertir*
- X speaking = *C'est X à l'appareil*

San Francisco and Silicon Valley

- Apprendre l'origine du mot *computer*.
- Découvrir San Francisco et la *Silicon Valley*.
- Parler du développement d'une région.

radio good news
Today's documentary:
What's in a word?

1 Listen and understand

[WB p. 29]

Find out about the origin of the word "computer".

2 Read, write and speak

[WB p. 29]

1. Read about San Francisco and look at the pictures. Then do the quiz in your Workbook.

2. Read about Silicon Valley and the Internet.

3. Work in pairs or in groups and do some research.
– *Find out how Silicon Valley got its name.*
– *Find out about Apple and IBM.*

The Golden Gate Bridge is often called the most spectacular bridge in the world. Made of steel and concrete and painted orange, it was opened in 1937.

The "Painted Ladies", a row of Victorian houses in San Francisco that escaped the fire of 1906.

San Francisco

1775 The Spanish mission of San Francisco was founded and a military fort was built. The place was called Yerba Buena.

1821 Yerba Buena became part of Mexico.

1846 After the Mexican-American war, California belonged to the United States. Yerba Buena changed its name to San Francisco.

1848 The Gold Rush brought thousands of people to California, looking for gold. In one year, the population increased from 1,000 to 25,000!

1869 The Transcontinental Railroad was opened, linking California to the East coast. San Francisco's port was also developed and the city became a centre of international trade.

1906 A terrible earthquake hit San Francisco. About 3,000 people died and 80% of the city was destroyed by fire. 400,000 people were homeless.

1960-80 San Francisco was associated with hippies, "flower power" and a relaxed lifestyle. It also became a popular tourist resort.

1989 A second big earthquake happened, about 70 miles south of San Francisco. There was a lot of damage to buildings and roads in parts of the city.

1990s The dot-com boom brought high-tech

San Francisco is famous for its **cable cars.** The first cable car came into service in 1873, in this street: Clay Street.

Silicon Valley, the Apple headquarters

In the 1860s, Chinese railway workers created **Chinatown,** San Francisco's Chinese quarter.

Silicon Valley and the Internet

When people talk about "Silicon Valley", they mean the area near San Francisco where a lot of high-tech companies are located: Adobe, Apple, Ebay, Google, Yahoo and hundreds of others. They came here during the dot-com boom of the 1990s.

The growth of Silicon Valley is very closely linked to the growth of the computer industry, which began in California in the 1960s.

In 1962, the US Department of Defense wanted to create a network of computers for military and scientific purposes. Finally, in 1969, researchers connected the computers at UCLA (The University of California in Los Angeles) with the computers at the Stanford Research Institute, near Stanford University.

In the 1970s, this network grew, and, at the same time, other networks were created. Finally, the different systems were all put together to become the "inter-network": the Internet and, in 1976, the Queen of England sent her first email!

When Apple and IBM developed the first home computers, the Internet came into people's homes. Very soon, the Internet became a global network with millions of websites.

Words & expressions

- become (became, became) *(v.)* = *devenir*
- begin (began, begun) *(v.)* = *commencer*
- bring (brought, brought) *(v.)* = *amener*
- come (came, come) *(v.)* = *venir*
- concrete = *béton*
- earthquake = *tremblement de terre*
- Gold Rush = *ruée vers l'or*
- grow (grew, grown) *(v.)* = *grandir*
- growth = *croissance*
- link *(v.)* = *associer, connecter*
- network = *réseau*
- resort = *centre (touristique)*
- trade = *commerce*

Exercices p. 40

Grammaire

Observe et réfléchis
[WB p. 30]
Exercices p. 41

Checklist

Sais-tu parler du passé d'une ville ou d'une région ?

"The town grew... people arrived..."

- le prétérit [PG p. 8]
- les verbes irréguliers [PG p. 30]

LESSON 5

Messages, emails and chats

- Partager tes goûts avec quelqu'un.
- Écrire un itinéraire.

1 Listen and understand

[WB p. 31]

1. Listen and write down the message.
2. Choose one of the situations and leave a message. You've got 20 seconds!

2 Listen and understand

[WB p. 31]

Listen and find out what Pat and Sharon are talking about, and talk about how they feel.

3 Listen and understand

[WB p. 32]

Find out about Tim and Sean's activities.

4 Speak

[WB p. 34]

1. Act out a conversation between two people at a party who don't know each other. They try to find common interests.
- *"I like..." "So do I/I do too." "I don't."*
- *"I'm good at..." "So am I/I am too." "I'm not."*
- *"I'm not very good at..." "Neither am I." "I am."*

2. Now report to the class.

Dear Sarah and Bob,
From Union Square, drive up Post Street. Drive past the Levi's store, and then the Niketown store. Turn left onto Grant Avenue. Up the street you'll see the famous Chinese Gateway. Drive through the gateway and take the second left into California Street. Then turn right into Hyde Street. First the street goes up, and then it goes down. At the top on your right you'll see Lombard Street, the crookedest street in the world, and in front of you the San Francisco Bay, with Alcatraz, the most famous prison in the world. Drive straight on, and then turn left into Bay Street. Drive along the bay, and you'll get a great view of the Golden Gate Bridge.
See you soon.
Love, Joe

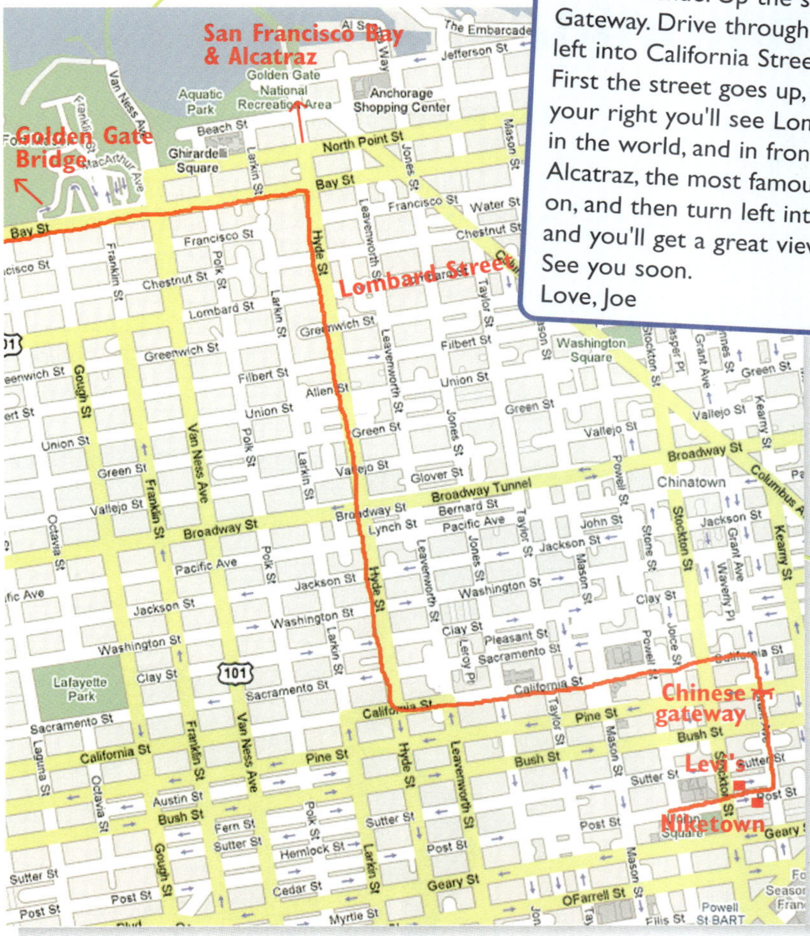

5 Read

[WB p. 34]

Read the email from Tim's grandfather to Tim's parents and follow the route on the map. Note the expressions used to give directions and translate them into French.

6 Write

[WB p. 34]

Write an email giving a foreign visitor the best route to follow when visiting your town.

Compare English and French [WB p. 35]

Drive up Post Street. → *Remonte Post Street.*
Drive past the Levi's store. → *Passe devant la boutique Levi's.*
The street goes up, and then it goes down. → *La rue monte, puis elle descend.*
Drive along the bay. → *Longe la baie.*

Words & expressions

- I miss you. = *Tu me manques.*
- It doesn't matter. = *Ça ne fait rien.*
- Of course. = *Bien sûr.*
- That's true. = *C'est vrai.*

Exercices p. 40

Grammaire

Observe et réfléchis
[WB p. 33, 34]
Exercices p. 41

Checklist

Sais-tu partager tes goûts avec quelqu'un?
"I miss the camp." "I do too/So do I."/"I don't."
"I'm not very good at baseball." "Neither am I." "I am."
→ so/neither [PG p. 25]

Sais-tu exprimer ton étonnement? *"I've got..." "Have you?"*
→ la reprise de l'auxiliaire [PG p. 25]

Sais-tu situer des événements dans le passé?
The phone rang when I was looking at the photos.
→ le prétérit en *be* + *V-ing* [PG p. 9]

Construire une frise chronologique sur le XIXe siècle.

The birth of modern communication

1

The Penny Black was the world's first postage stamp. It was issued on 6th May 1840 in Great Britain. Before the invention of the stamp, the receiver of the letter – not the sender – paid the postage, and the cost depended on the distance and the number of sheets of paper – so it was sometimes very expensive to receive a letter! Number of letters sent in 1839 in the UK: 76 million. Number of letters and postcards sent in 1900 in the UK: 2,740 million.

The Pony Express Company was founded in 1860 to carry the mail from Missouri to California, a distance of about 1,800 miles. Each rider rode about 100 miles at top speed – day and night, summer and winter – changing horses every 10 miles. The trip took about 10 days. The company was very successful, but when a telegraph line connnected East and West in 1861, that was the end of the Pony Express…

2

Samuel Morse

3

4

The Morse code uses short and long elements (dots and dashes) to represent letters and figures. A good morse-code operator can transmit 40-50 words per minute.

a	.–	n	–.
b	–...	o	–––
c	–.–.	p	.––.
d	–..	q	––.–
e	.	r	.–.
f	..–.	s	...
g	––.	t	–
h	....	u	..–
i	..	v	...–
j	.–––	w	.––
k	–.–	x	–..–
l	.–..	y	–.––
m	––	z	––..

The telegraph is a machine that sends electric signals along a wire. American inventor Samuel Morse (1791-1872) developed a special telegraph machine that sent electric signals along a wire. The signals made marks on a piece of paper. Then, he developed the Morse code to read the messages sent on the telegraph. In 1840 Morse sent the first message using the telegraph: the first telegram. For the next hundred years, most high-speed international communication was in Morse code.

The first transatlantic telegraph cable was laid between Newfoundland and Ireland in 1858. Queen Victoria immediately sent a message to President Buchanan of the United States. The message was 99 words long and took almost 17 hours to transmit! But it was much quicker than any other transatlantic communication: it took about 10 days for a letter to cross the Atlantic.

5

Laying the transatlantic cable.

The telephone. In the 1860s people could keep in touch by letter or by telegram. Then, in 1876, everything changed. Alexander Graham Bell (1847-1922) invented the telephone. The first sentence he said over the phone in March 1876 was to his assistant. He said: «Mr Watson, come here; I want you." Things developed very fast and, by the 1890s, the telephone was in common use.

6

Bell making the first phone call.

Project work [WB p. 35]

Make a timeline about communication in the 19th century

1. Look at the illustrations and read the captions.
2. Complete the diagram and the table in your Workbook.
3. Describe the main advantages of each invention.
4. Work in groups. Look for information about Graham Bell, Samuel Morse or Queen Victoria and fill in the "identity cards" in your Workbook.
5. Present the results of your research to the other groups.
6. On a large piece of paper, draw a time line from 1800 to 1910. Put in all the dates of the inventions and discoveries on these pages, as well as the dates of their inventors. Mark the reign of Queen Victoria in red.

Vocabulaire

LESSON 1

1. Retrouve ces mots. Ils sont tous associés à l'informatique. ★★

a. cptrouem nercse **b.** prirnte
c. bayroked **d.** mtinoro
e. esuom **f.** eosmu dpa
g. pakesrse **h.** rewot

2. Associe chaque touche (a-d) à une action (1-4). Puis, fais quatre phrases sur chaque modèle. ★★

a. the shift key — 1. correct mistakes
b. the backspace key — 2. type a capital letter or a number
c. the return key — 3. type the spaces between words
d. the space bar — 4. enter what you have typed

You use the ...... key to ......
If you want to ...... use the ......

3. Choisis la bonne terminaison (1-5) pour compléter chaque mot (a-e). ★★

a. mo- — 1. -box
b. mail- — 2. -ternet
c. In- — 3. -chment
d. pro- — 4. -dem
e. atta- — 5. -vider

LESSON 2

1. Complète chaque question par un mot interrogatif. ★

a. "...... did you do in England?" "I visited London."
b. "...... long did you wait at the airport?" "Three hours."
c. "...... is everybody?" "I don't know. Maybe they've gone home."
d. "...... did school start?" "Last week."
e. "Hello ! ...... are you?" "Fine, thanks."

2. Claire téléphone à son amie, Jane, en Angleterre. Complète leur dialogue. ★★

Jane: 490734.
Claire: Hello. ...... I speak to Jane, please?
Jane: ......
Claire: Hello, Jane! ...... Claire. How ...... ?
Jane: ...... fine, but I'm really busy right now, Claire. I'm sorry. I'll ...... you back, OK?
Claire: OK. ...... soon. Take ...... !

3. Traduis. ★★

a. Déroule le curseur pour lire toutes les informations.
b. Ensuite, tu peux ajouter l'adresse du site dans tes favoris.
c. Pour revenir, utilise la touche « retour ».

LESSON 4

1. Traduis. Chasse l'intrus et donne un titre. ★★

a. California, the United States, Spain, Mexico.
b. concrete, window, brick, stone, steel.
c. Spanish, Mexico, American, Mexican.

2. Associe chaque mot à son synonyme. ★★

a. increase — 1. trade
b. buy and sell — 2. happen
c. door — 3. rush
d. hurry — 4. gate
e. take place — 5. grow
f. road — 6. street

3. Relis la page 34 pour compléter ces phrases. Traduis les mots que tu as trouvés. ★★★

a. In 1848 the ...... brought thousands of people to California looking for gold.
b. In 1869 the transcontinental railroad was opened, ... California to the east coast.
c. San Francisco then became a centre of international ......
d. A big ...... destroyed San Francisco in 1906.

4. Construis quatre mots dérivés à l'aide des mots et des suffixes suivants. ★★★

a. trade — 1. -ing
b. home — 2. -th
c. grow — 3. –less
d. build — 4. –er

5. Construis cinq mots avec ces éléments. ★★★

• earth • net • style • com • hi • work • quake • life • dot • tech

LESSON 5

1. Donne le contraire. ★

a. That's false. **b.** That's wrong. **c.** That's bad.

2. Une élève inquiète parle à sa mère de son futur séjour en Angleterre. Complète leur dialogue avec les mots et expressions suivants. ★★★

• it doesn't matter • miss • worry • ridiculous • call

Girl: I'll ... you.
Mum : Don't .... Everything will be OK.
Girl: But, I'll be homesick.
Mum : Don't be ...... !
Girl: Well, I'd like to ..... you every day. But it will cost a fortune.
Mum : ...... I want you to be happy.

3. Traduis. ★

a. Passez devant le cinéma.
b. Tournez à gauche.
c. Prenez la deuxième à droite.
d. Longez la baie.

Grammaire

LESSON 1

Sais-tu demander à quoi sert un objet ?

1. Complète les phrases par un mot interrogatif et, si nécessaire, par une préposition. Puis, réponds aux questions. ★★

a. ...... is the red key ...... ?
b. ...... do you switch on your new laptop?
c. ...... do you get a capital letter?
d. ...... is the big key at the bottom called?
e. ...... do you press the spacebar ...... ?

Sais-tu décrire les étapes d'une manipulation ?

2. Voici une notice explicative pour télécharger *(download)* un fichier sur un ordinateur. Mets ces opérations dans l'ordre, et ajoute les mots suivants : *next, then, finally, first.* ★★

a. ... in the next window, choose *Desktop > Save*
b. ... select the file you want to install.
c. ... in the *File Download* window, click *Save*.
d. ... on the next page, click *Accept and Download.*

3. Traduis. ★★

a. Comment allumes-tu ton téléphone portable ?
b. A quoi sert la touche *Enter* ?
c. Comment s'appelle la touche majuscule ?
d. Où est mon tapis de souris ?
e. As-tu un ordinateur de bureau ou un portable ?

LESSON 2

Sais-tu dire de ce quelqu'un fait en ce moment ?

1. Complète les phrases. ★

a. I don't believe it! Today is Sunday and Peter ...... (not watch) the football match.
b. Sorry, I must hang up; my brother ...... (wait) for me. We ...... (go) to the cinema with our cousins.
c. Don't make such a noise. The baby ...... (sleep).
d. Listen! Maureen ...... (play) the piano (play).
e. Don't disturb me! I ...... (do) my homework.

Sais-tu parler d'événements passés ?

2. Réponds aux questions. ★

a. How was your flight? (long and boring)
b. What did you do on the plane? (sleep)
c. How did Janet get home? (take a plane from London to Edinburgh)
d. What did you do yesterday? (go to the baseball match)

3. Pose une question sur l'élément en caractères gras, puis pose deux questions à ton professeur sur ses vacances. ★

a. Steve went to a **holiday camp** last summer.
b. His journey home was **very boring**.
c. **Janet** was with him on the first flight.

LESSON 4

Sais-tu parler du passé d'une ville ou d'une région ?

1. Complète avec the ou ø (« article zéro «). ★★

a. ... Gold Rush brought thousands of people to ... California.
b. The most spectacular bridge in ... world is ... Golden Gate Bridge.
c. ... American-Mexican war brought California to ... United States.
d. ... Internet grew in ... Silicon Valley.

2. Complète ces phrases en utilisant le prétérit des verbes. ★★

a. First they ...... (build) a military fort in Yerba Buena.
b. The city ...... (become) a centre of International trade.
c. The dot-com boom ...... (bring) high–tech companies to the area.
d. Hundreds of high-tech companies ...... (come) to Silicon Valley in the 1990s.
e. The population ...... (grow) during the Gold Rush.
f. Queen Elisabeth ...... (send) her first email in 1976.

LESSON 5

Sais-tu partager tes goûts avec quelqu'un ?

1. Compare les goûts de Tim, Sean et Sharon en utilisant *too, so, neither.* ★★

	Tim	Sean	Sharon
☺	*football* *strawberries* *geography*	strawberries fish geography	football fish history
☹	cricket potatoes maths	potatoes cricket history	football dessins maths

Sais-tu situer des événements dans le passé ?

2. Complète les phrases par les mots entre parenthèses. Choisis le temps qui convient. ★★

a. Pat's mother ...... (call) her because Sharon ...... (be) on the phone.
b. Pat ...... (read) when her mother ...... (call) her.
c. Sharon ...... (look) at some photos about the camp when she ...... (get) a mail from Tim.
d. He ...... (send) her more pictures so now she has got a lot.

Dans ce chapitre, tu vas

Tu vas utiliser
- le comparatif
- le *present perfect*
- le prétérit

CHAPTER 3

The animal world

LESSON 1

The animals we love

Écouter des gens parler de leurs animaux.

Décrire et comparer les animaux.

1 Speak and listen

[WB p. 38]

1. Describe the photos.

2. Listen and find out how people feel about their animals.

3. Talk about the animals and their characteristics.

2 Write and speak

[WB p. 38]

1. Write a list of all the pets you can think of.

2. Talk about your ideal pet, then, in pairs, compare your choices.

My ideal pet is a... because it's...
I think... So do I /I don't!
I don't like... Neither do I/I do!

Words & expressions

- ape = *(grand) singe (sans queue)*
- gentle = *doux*
- lamb = *agneau*
- monkey = *singe*
- peacock = *paon*
- pet = *animal de compagnie*
- purr = *ronronner*
- skin = *peau*
- smooth = *lisse*

Exercices p. 56

3 Read and speak

[WB p. 39]

Compare apes and monkeys. Say what is different or similar about them.

Borough Zoo

Be sure to see…

Tick as you go

The Apes

- [ ] orangutangs
- [ ] chimpanzees
- [ ] gorillas

GORILLA

The Monkeys

- [ ] baboons
- [ ] spider monkeys
- [ ] woolly monkeys

BABOON

Did you know?

There are more than 200 species of monkeys and 17 species of apes (including Man!) Monkeys and apes both climb trees and eat similar things. They are both hairy, they have colour vision (like humans) and they live in the tropics. So what's the difference between them?

- Apes have long arms and no tail. Monkeys have arms and legs of similar length, and a tail. Monkeys, in general, are smaller than apes.
- Apes use tools and are very intelligent (chimpanzees can understand simple sentences and can do maths problems!). Monkeys are not so intelligent but are very clever with their hands (they will open your handbag if you're not careful!).
- Most apes spend a lot of time on the ground, but monkeys spend most of their lives in trees.

4 Speak

[WB p.39]

1. Find similies by matching the animal and the adjective.

2. Start a story, using one of the similes. Example: *Once upon a time there was a little girl who was as quiet as a mouse.*

3. Guessing game. Work in pairs. Describe an animal – your partner must guess what animal you are describing.

The sound of English [WB p. 40]

- Ne pas confondre les contractions de *is* ('s), *has* ('s) et la marque de possession ('s). On les écrit et on les prononce de la même façon : [z]. Il faut bien écouter les mots qui entourent ce son, car ils donnent le contexte grammatical et le sens.

  He's 13. (= he is)
  He's got a dog. (= he has)
  Tom's dog. (la marque de possession)

- Ne pas confondre non plus *there*, *they're* et *their*. Ils se prononcent tous [thɛə] :

  Their dog is very gentle.
  He's over **there**.
  They're my friends.

- Le suffixe –ful permet de former des adjectifs. Il n'est pas accentué et ne modifie pas l'accentuation du mot :

  beauty ➔ **beautiful**
  colour ➔ **colourful**
  wonder ➔ **wonderful**

Grammaire
Observe et réfléchis [WB p. 39]
Exercices p. 57

Checklist

- **Sais-tu comparer ?** *"Monkeys are smaller than apes." "A dog is more obedient than a cat." "A snake's skin is as smooth as silk." "A cat isn't as obedient as a dog."*

➔ le comparatif [PG p. 21]

LESSON 2

On the farm

- Écouter quelqu'un parler de sa vie passée.
- Faire le bilan : parler de ce que l'on a fait et de ce qui reste à faire.

1 Listen and understand

[WB p. 41]

1. Imagine you're Janet. Describe the photos in your photo album.
2. Choose a caption for each photo, then listen and find out some more details.
3. Talk about Janet's life when she was a child.

2 Listen and understand

[WB p. 41]

1. Listen and find out what Janet has done.
2. Listen again and find out more about Janet and her father.
3. Complete the summary of the conversation.

3 Speak

Act out part 1 or part 2 of the conversation.

http://www.holidayScotland.com

Home | Open | Accommodation | Rare breed conservation | Bookings online

McRae Highland Farm, Nr. Plockton, Scotland

Whatever the season, take a break at McRae Highland Farm!
Come to relax and get away from your busy life at home. Enjoy the finest Highland scenery, look for otters and seals on the beach, or admire rhododendron-covered crags. At low tide, walk across to the Heron Sanctuary. Or just relax between mountain, meadow and loch.

Open
- Farm visits: Easter-October, 10 am-dusk.
- Cottages available all year.

Travel directions
Between Plockton and Achmore along the shore road (near Kyle of Lochalsh).

Accommodation
- Bed & breakfast: accommodation on the farm, in thatched cottages or timber chalets.
- Self-catering: farm cottages, or fishermen's cottages along the shores of the loch.

Winter breaks
- From £18 per person per night.
- Enjoy off season rates.
- Take advantage of the quiet seasons.
- Try a weekend break.
- Don't forget your boots and a warm sweater!

Rare breed conservation
The 15-acre farm is dedicated to the preservation of rare breeds of domestic animals and fowl. You will see rare breeds of Scottish sheep, traditional species of poultry and water fowl, rabbits, pigs, llamas and goats, geese, ducks and baby chicks. Enjoy feeding these magical animals and get closer to them than you ever dreamed!

Where is the farm?
The McRae Highland Farm is located in the North-West Highlands of Scotland, seven miles from the Isle of Skye and 75 miles west of Inverness. We are situated just a few miles from the idyllic village of Plockton. The farm overlooks the shores of Loch Carron with beautiful views from all of the cottages.

You can book by phone or online. Click on "Contact" for our phone number and email address.

4 Read and speak

[WB p. 44]

1. Look at the website homepage and find information about this Scottish farm.
2. Say what can you see and do at the farm. Pick out two things you would like to do.

5 Speak

[WB p. 45]

You are going for a short holiday at McRae Highland Farm. Your mother asks you if you have done everything and if you are ready to go.

Have you packed your… ?

No, I haven't. Thanks for reminding me.

Of course I have!

Words & expressions
- cuddly = *câlin*
- fall (fell, fallen) *(v.)* = *tomber*
- feed (fed, fed) *(v.)* = *nourrir*
- find (found, found) *(v.)* = *trouver*
- give (gave, given) *(v.)* = *donner*
- have (had, had) *(v.)* = *avoir*
- hay = *foin*
- leave (left, left) *(v.)* = *laisser*
- not … yet = *pas encore*

Exercices p. 56

Grammaire
Observe et réfléchis
[WB p. 43]
Exercices p. 57

Checklist
- Sais-tu parler de ce qui a été fait et de ce qui reste à faire ? *"Have you finished?" "I've collected the eggs." I haven't fed the hens yet."*
  le present perfect [PG p. 10]

Lire et comprendre deux contes indiens d'Amérique du Nord.

For the Indians of North America – the Native Americans – it's the coyote and not the fox who plays tricks on people. He is both a trickster and a clown, and is the hero of many traditional stories from all over North America.

1 Read and understand

[WB p. 45]

The blue bird and Coyote

from the Pima tribe (Arizona)

The blue bird was once a very ugly color. But there was a lake where the river flowed in and out, and the bird bathed in it four times every morning for four mornings. Every morning it sang:

There's a blue water, it lies there.
I went in.
I am all blue.

On the fourth morning it shed all its feathers and came out of the lake in its bare skin, but on the fifth morning it came out with blue feathers.

All this while Coyote had been watching the bird. He wanted to jump in and get it, but he was afraid of the water. He said, "How is it that all your ugly color has come out and now you are blue and gay and beautiful? You're more beautiful than anything that flies in the air, I want to be blue too."

Coyote was at that time a bright green. "I went in four times," said the bird, and taught Coyote the song. So Coyote went in four times, and the fifth time he came out as blue as the little bird.

That made him feel very proud. As he walked along, he looked on every side to see if anyone was noticing how fine and blue he was. He looked to see if his shadow was blue too, and so he was not watching the road. Presently he ran into a stump so hard that it threw him down in the dirt, and he became dust-covered all over. And to this day all coyotes are the color of dirt.

A story recorded by Frank Russell in 1908.

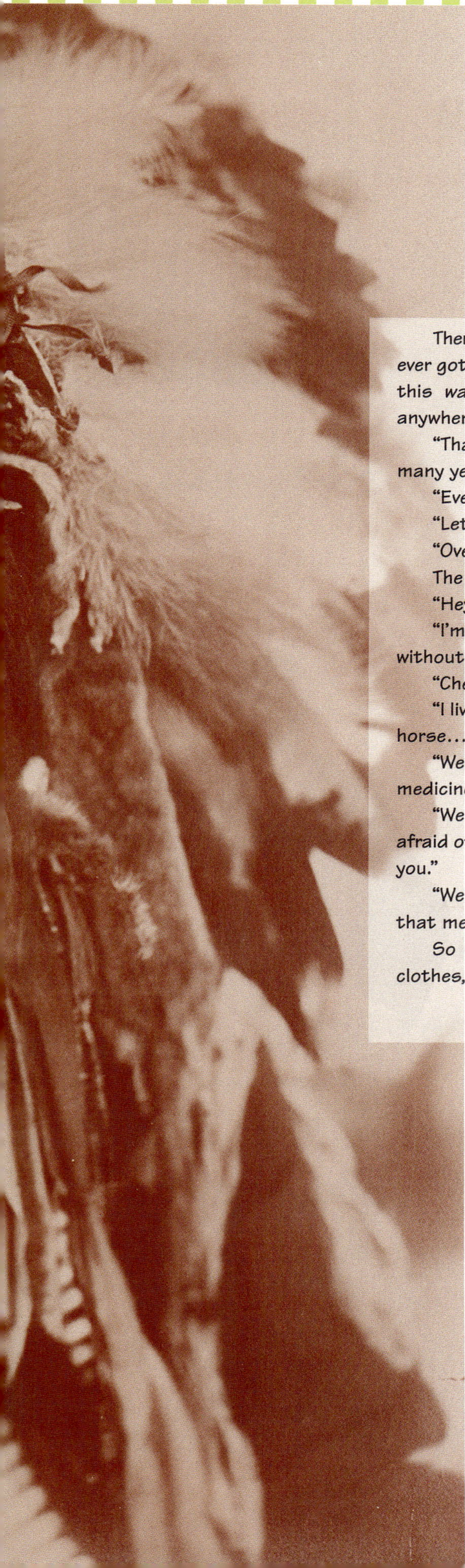

2 Read and understand

[WB p. 46]

Coyote and the wasichu

from the Brule Sioux tribe (South Dakota)

There was a white man who was such a sharp trader that nobody ever got the better of him. Or so people said, until one day a man told this *wasichu*: "There's somebody who can outcheat you anytime, anywhere."

"That's not possible," said the *wasichu*. I've had a trading post for many years, and I've cheated all the Indians around here."

"Even so, Coyote can beat you in any deal."

"Let's see if he can. Where is Coyote?"

"Over there, that tricky-looking guy." [...]

The wasichu trader went over to Coyote.

"Hey, let's see you outsmart me!"

"I'm sorry," said Coyote, "I'd like to help you, but I can't do it without my cheating medicine."

"Cheating medicine, hah! Go get it!"

"I live miles from here and I'm on foot. But if you lend me your fast horse..."

"Well, all right, you can borrow it. Go home and get your cheating medicine!"

"Well, friend, I'm a poor rider. Your horse is afraid of me, and I'm afraid of him. Lend me your clothes; then your horse will think that I'm you."

"Well, all right. Here are my clothes; now you can ride him. Go get that medicine. I'm sure I can beat it!"

So Coyote rode off with the wasichu's fast horse and his fine clothes, while the *wasichu* stood there naked.

Adapted from a story told in 1974
at Grass Mountain, Rosebud Indian Reservation.

Help

- bare, naked = *nu*
- deal = *marché*
- shadow = *ombre*
- sharp = *malin, malhonnête*
- it shed its feathers = *il a perdu ses plumes*
- smart = *clever*
- stump = *souche*
- trader = *commercant*
- trading post = *comptoir commercial*
- tricky = *malin*

The turkey, symbol of Thanksgiving

- Comprendre l'importance de la dinde dans la culture américaine.
- Découvrir la fête de *Thanksgiving* hier et aujourd'hui.

radio good news
Today's documentary: **The Thanksgiving turkey**

1 Listen and understand

[WB p. 48]

Listen and find out about the Thanksgiving turkey.

George W. Bush pardoning a turkey.

2 Read and speak

[WB p. 48]

1. Read about Thanksgiving today and look at Norman Rockwell's painting. What do you learn about Thanksgiving?
2. Read about the first Thanksgiving and compare the first feast to the present-day Thanksgiving dinner.

Macy's Thanksgiving parade.

Thanksgiving today: a public holiday

Thanksgiving is celebrated on the 4th Thursday of November. It's a public holiday and people they travel from all over the USA to be with their families and have a big Thanksgiving dinner all together. Americans eat 35 million turkeys on Thanksgiving! In New York, there is a big parade – Macy's Thanksgiving Parade.

A Thanksgiving dinner. Painting by Norman Rockwell, 1943.

The first Thanksgiving, 1621. Painting by L. J. Ferris.

The first Thanksgiving

The Pilgrim Fathers were an English religious group who did not agree with the official Church of England. So, in 1620, they decided to emigrate to America. They left from Plymouth in a ship called The Mayflower and landed in New England 57 days later, on 16th December. They called the landing place Plymouth, and established a colony there.

The first winter was hard. Fortunately, the Wampanoag Indians helped the settlers to survive. In 1621, after the first harvest, Governor William Bradford proclaimed a day of thanksgiving. In fact the feast lasted for three days.

The first Thanksgiving dinner

We don't know exactly what the settlers ate. But here is a list of things that were probably on the menu.

Seafood: clams, lobsters
Fish: cod, eel
Wild fowl: wild turkey, goose, swan, partridge, eagle
Meat: venison, seal
Grain: wheat (for flour), Indian corn
Vegetables: pumpkins, peas, beans, leeks, onions, lettuces, radishes, carrots, parsnips
Fruit: plums, grapes, currants (= dried grapes)
Nuts: walnuts, chestnuts, acorns

My family's Thanksgiving menu. Yum!

• Roast turkey with gravy, cranberry sauce and a special stuffing – my grandmother's recipe! There are side dishes of mashed potatoes, sweet potatoes, corn on the cob and green beans.

• carrot and pineapple salad

• Lemon meringue pie and pumpkin pie. No Thanksgiving meal is complete without pumpkin pie! It's delicious!

Words & expressions

- agree with *(v.)* = *être d'accord avec*
- chestnut = *marron*
- corn = *maïs*
- feast = *festin*
- gravy = *sauce*
- harvest = *récolte*
- land (v.) = *arriver à terre*
- settler = *colon*
- stuffing = *farce*
- walnut = *noix*
- wheat = *blé*

Exercices p. 56

Grammaire

Exercices p. 57

Checklist

Sais-tu décrire une image? *in the middle, on the right/left, at the top/bottom, around the table...*

les expressions de lieu [PG p. 26]

The vet

- Comprendre le passé du vétérinaire et le bilan fait pendant sa visite.
- Ecrire un paragraphe pour décrire un animal.

1 Listen and understand

[WB p. 49]

Listen and find out about Dr Fraser.

2 Listen and speak

[WB p. 50]

1. Work on your pronunciation.
2. Listen again, repeat, then act out part of the conversation.

3 Listen and understand

[WB p. 50]

1. Listen and find out what's wrong with Janet's horse.
2. What has Janet's father done about the problem?

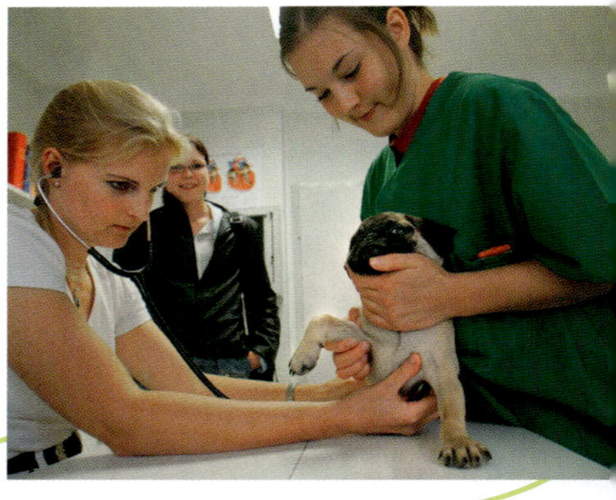

4 Speak

[WB p. 51]

Work in pairs, A and B.
A's pet is ill,
so he/she goes to see B,
who is a vet.
Imagine their conversation.

5 Read and speak

[WB p. 52]

1. Read the description and guess what the animal is.
2. Think about how to make long sentences.
They are rather small animals ***that*** *live in a particular sort of tree* ***because*** *they eat the leaves of those trees.*

They are rather small animals that live in a particular sort of tree because they eat the leaves of those trees. They sometimes come down to the ground to go to another tree and they occasionally jump from one tree to the next. They have thick woolly fur that protects them from both heat and cold because, where they live, the temperatures vary a lot. Their fur is grey on their bodies and white on their chests, bellies, inner arms and ears. They have large furry ears and a small round nose. The females are smaller than the males. They look like bears but they are much smaller. There is only one country in the world where you can find them. They have a pouch for carrying their babies.

6 Write

[WB p. 52]

1. Choose an animal. Make a list of words that can describe its appearance.
2. Find information about the animal and take notes.
3. Write a paragraph about the animal. Use your own words!

Compare English and French [WB p. 53]

Their fur is grey on their bodies and white on their chests and bellies. → *La fourrure est grise sur leur corps et blanche sur leur poitrine et sur leur ventre.*

a pouch for carrying their babies → *une poche pour porter leur petit.*

Words & expressions

- check *(v.)* = *vérifier*
- do (did, done) *(v.)* = *faire*
- do work experience = *faire un stage en entreprise*
- get better = *aller mieux*
- meadow = *prairie*
- prescribe some medicine = *prescrire des médicaments*

Exercices p. 56

Grammaire

Observe et réfléchis [WB p. 51]

Exercices p. 57

Checklist

Sais-tu parler de ce qui fait partie du passé?
"Where did you study."
→ le prétérit [PG p. 9]
Sais-tu faire le point sur ce qui a été fait?
"Have you checked..."
→ le *present perfect* [PG p. 10]

- Découvrir des espèces menacées de disparition.
- Rechercher et présenter des informations sur une espèce menacée.

Endangered species

©

The WWF From our start in 1961, WWF has worked to protect endangered species. We're ensuring that the world our children inherit will be home to elephants, tigers, giant pandas, whales and other wildlife species, as well as people.
http://www.worldwildlife.org

The Ethiopian wolf

The meaning of "endangered"

For millions of years, new species have evolved and others have become extinct. But today that extinction is happening much faster. We have used the earth's natural resources but we haven't planned for the future and now, for thousands of animals, it may be too late.
Animals become endangered through pollution, hunting and poaching, the illegal pet trade, tourism, climate change… and because they lose their habitat.
The Red Data Book issued by the World Conservation Union (IUCN) lists all the species threatened with extinction. You can find the Red List of Threatened Species at www.redlist.org.

Fact sheet 1

The Bengal tiger

Tigers are the largest members of the cat family. They are powerful and strong. They live alone and mark large territories with their scent to keep their rivals away. They are nocturnal hunters and travel many miles to find buffalo, deer, wild pigs, and other large mammals. Bengal tigers live in India and are sometimes called Indian tigers. Over many centuries they have become an important part of Indian tradition. A hungry tiger can eat as much as 60 pounds (27 kilograms) in one night, but they usually eat less.

Basic facts

Type : mammal
Diet: carnivore
Life span: 8 to 10 years
Size: Head and body, 5 to 6 ft (1.5 to 1.8 m); tail, 2 to 3 ft (0.6 to 0.9 m)
Weight: 240 to 500 lbs (109 to 227 kg)

Fun facts

- No two tigers have exactly the same stripes.
- Most tigers avoid humans. However, some do become dangerous man-eaters.
- A tiger's roar can be heard as far as two miles (three kilometres) away.

Why is the Bengal tiger endangered?

Tigers are hunted as trophies. Some of their body parts are also used in traditional Chinese medicine. Over the last 100 years, hunting and forest destruction have reduced tiger populations from hundreds of thousands of animals to perhaps fewer than 2,500.

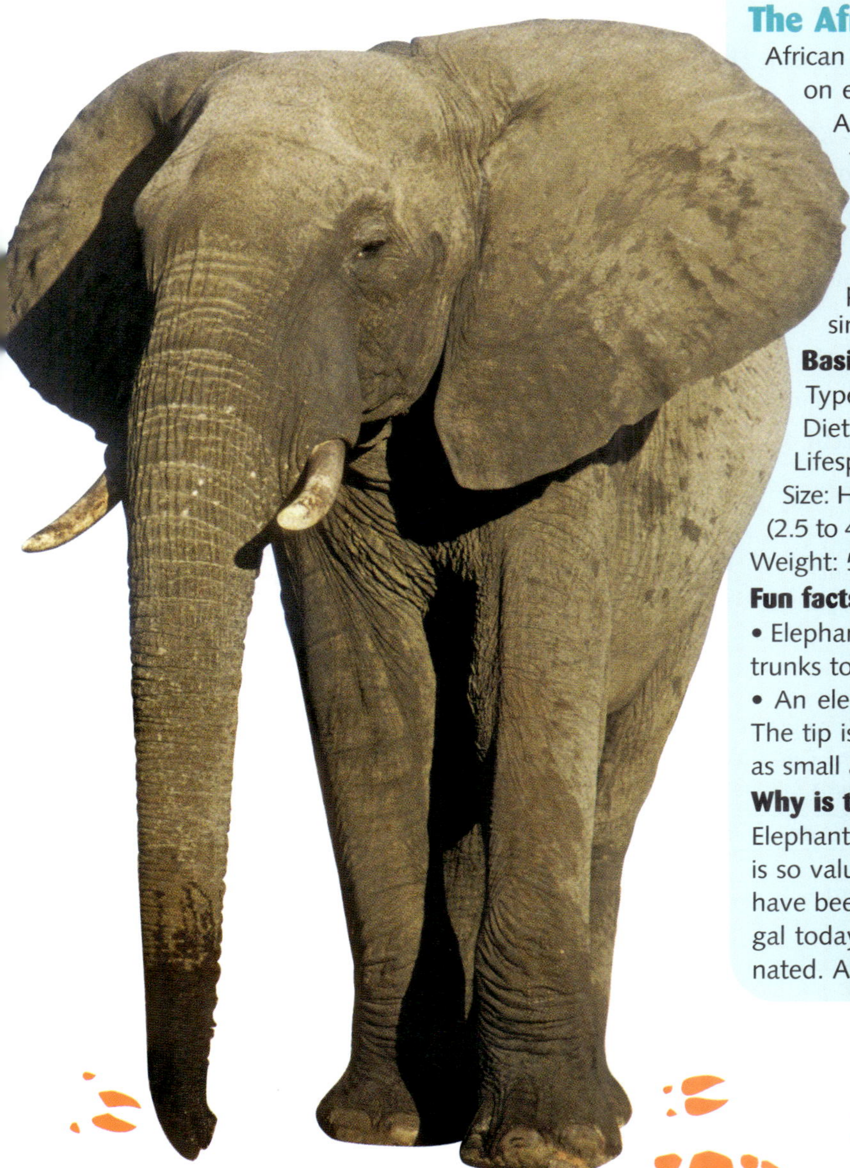

Fact sheet 2:

The African elephant

African elephants are the largest land animals on earth. They are slightly larger than their Asian cousins and they have larger ears that look like the continent of Africa.

Elephants eat roots, grasses, fruit and bark, and in large quantities: an adult elephant can consume up to 300 pounds (136 kilograms) of food in a single day!

Basic facts

Type: mammal
Diet: herbivore
Lifespan: up to 70 years
Size: Height at the shoulder, 8.2 to 13 ft (2.5 to 4 m)
Weight: 5,000 to 14,000 lbs (2,268 to 6,350 kg)

Fun facts

- Elephants love to take a shower. They use their trunks to spray water over themselves.
- An elephant has 60,000 muscles in its trunk. The tip is so sensitive that it can pick up objects as small as buttons.

Why is the African elephant endangered?

Elephants' tusks are made of ivory. Because ivory is so valuable to some humans, many elephants have been killed for their tusks. This trade is illegal today, but it has not been completely eliminated. African elephants remain threatened.

Project work [WB p. 53]

Prepare a presentation about an endangered species

1. Look at the photos and read the fact sheets about the Bengal tiger and the African elephant. Put the information in the grid – in note form.
2. Which website mentioned on these pages gives you more information about endangered animals? Complete the grid in your workbook.
3. Work in groups and prepare a fact sheet about an endangered species. Here are some ideas: the leatherback turtle, the snow leopard, the giant otter, the mountain gorilla, the Ethiopian wolf… Add a photograph of the animal.
4. Present the endangered species to the class.

Vocabulaire

LESSON 1

1. Trouve l'intrus et un titre pour chaque série. ★

a. goat, lamb, bear, donkey, chicken.
b. baboons, chimpanzees, orangutangs, gorillas.

2. Écris cinq adjectifs pour parler des qualités d'un animal de compagnie. ★★

3. Traduis ces phrases. ★★

a. J'adore mon chat. Il n'est pas agressif. Il est très doux.
b. Il adore ronronner sur mes genoux.
c. Sa peau est lisse et douce.
d. C'est un animal de compagnie vraiment affectueux.

4. Complète ces phrases avec un adjectif. ★★

a. She doesn't talk much. She is very ……
b. He can't see very well. He is almost ……
c. She understands everything. She is very …
d. You are …… to choose what you want.
e. Look! He is in the lion cage. He is very ……

LESSON 2

1. Recopie et complète ce mini-lexique anglais-français des noms d'animaux. Attention ! Certains noms ont des pluriels irréguliers. Lesquels ? ★★

singulier	pluriel	traduction
a. ……	cows	……
b. ……	……	canard
c. ……	geese	……
d. goat	……	……
e. ……	……	poule
f. ……	……	cochon
g. ……	sheep	……
h. ……	……	lapin

2. Complète avec des noms d'animaux. ★★

a. Wool keeps …… warm in winter.
b. …… and …… are water birds.
c. Bugs Bunny is a ……
d. …… and …… give milk.
e. …… eat everything and give pork.

3. Complète les phrases en utilisant la forme corrrecte des verbes dans la liste. ★★

• give • make • take • feed • find

a. Janet's father has …… the ducks.
b. He has …… some hay to the horses.
c. Janet has …… the lost lamb and has …… it back to its mother.
d. She has …… some sandwiches for lunch.

LESSON 4

1. Cite trois ingrédients indispensables pour faire une tarte aux noix. ★

2. Recopie chaque préposition et associe-la à sa traduction. ★

• above • behind • far from • under • opposite
• around • below • between • beside

• loin de • à coté de • au-dessus de • en dessous
• autour de • entre • derrière • en face de

3. Pour expliquer l'origine de *Thanksgiving*, complète le texte à l'aide des mots suivants. ★★

• Indians • Thanksgiving • Mayflower • settlers
• feast • Pilgrim • landed • harvest

The …… Fathers left Plymouth in England on the ……. They …… in America where they established a colony. The …… helped the …… . After the first …… , they proclaimed a day of …… and they had a big ……

4. Écris la liste des courses à faire pour préparer *Thanksgiving*. Puis traduis ce dialogue. ★★★

Chloé : Quand fêtez-vous *Thanksgiving* ?
Jessica : Nous fêtons *Thanksgiving* le quatrième jeudi de novembre. C'est un jour férié.
Chloé : Comment fêtez-vous *Thanksgiving* dans ta famille ?
Jessica : Nous faisons un grand repas. Nous mangeons de la dinde rôtie, de la farce, du maïs et une tarte au potiron. C'est délicieux.
Chloé : Je suis d'accord avec toi, mais je préfère la dinde rôtie avec de la sauce et des marrons comme à Noël en France.

LESSON 5

1. Trouve le nom des animaux p. 53. ★

2. Trouve les animaux qui correspondent à ces définitions ? ★★

a. It is a wild animal with a good sense of smell.
b. They are farmers' enemies because they eat chickens.
c. It lives in Australia but it is not a kangaroo.
d. They can be brown or white and they are very dangerous.

3. Traduis. ★★

a. Mon frère fait un stage en entreprise cet été.
b. Tu perds l'appétit. Tu veux aller mieux ? Va voir le médecin.
c. Demande-lui de te prescrire un médicament.
d. Mon fils est malade. Il a de la température. J'ai appelé le médecin.

Grammaire

LESSON 1

Sais-tu comparer ?

1. Compare les animaux de la page 44. Écris quatre phrases au comparatif de supériorité en utilisant deux adjectifs courts et deux adjectifs longs. ★★

2. Compare la taille et le poids du lion, du guépard et de la panthère à l'aide des informations suivantes. Fais six phrases en utilisant les adjectifs *large* et *heavy*. ★★

	lion	cheetah	panther
Size	5 to 6 feet	5 to 6 feet	3 to 4 feet
Weight	264 lbs	110 lbs	55 lbs

LESSON 2

Sais-tu parler de ce qui a été fait et de ce qui reste à faire ?

1. Associe chaque phrase à son contexte. ★★

a. I have done a lot of work this morning.
b. I did a lot of work this morning.
c. I'm doing a lot of work this morning.

1. Je suis en plein travail.
2. Je fais le point sur ce que j'ai fait ce matin.
3. Je ne travaille plus. C'est l'après-midi.

2. Mr Brown s'apprête à quitter son bureau après une journée de travail. Associe les noms et les verbes, et écris deux phrases pour dire ce qu'il a fait et ce qui lui reste à faire. ★★

a. tidy • turn off • lock • finish
b. desk • door • work • lights

LESSON 4

Sais-tu décrire une image ?

1. Écris cinq phrases pour décrire cette image. Utilise les expressions de localisation. (à droite, à gauche, au milieu, en haut à droite, en bas à gauche…). ★★

LESSON 5

Sais-tu parler de ce qui fait partie du passé ?

1. Où est le suspect ? Un officier de police interroge un hôtelier… Complète le dialogue utilisant le temps qui convient. ★★

Officer: What time / he / go out / last night?
Man: He / go out / 9 o'clock.
Officer: When / arrive / home ?
Man: He / arrive / home / midnight.
Officer: What / do / this morning?
Man: He / have / breakfast / 8 o'clock.
He / read / paper / then / leave / hotel / 8 o'clock.
Officer: Where / he / go?
Man: I think he / go / station.

2. Voici les réponses d'un ami qui rentre de voyage scolaire en Irlande. Quelles sont les questions que tu lui a posées ? ★★★

a. Last night.
b. For two weeks.
c. With my English and PE teachers.
d. Galway.
e. With an Irish family.
f. Of course, every day except at weekends.
g. Yes, it was great fun.

Sais-tu faire le point sur ce qui a été fait ?

3. Mets ces mots dans le bon ordre. ★★

a. you / been / have / where / so far / ?
b. visited / I / lots / different / have / of / places
c. good / weather / the / been / has / ?
d. rained / every day / has / it
e. photos / taken / of / you / have / lots / ?
f. not / I / surfing / been / have / yet

4. Le médecin vient te voir pour la seconde fois car tu es malade depuis une semaine. Il fait le point avec ta mère. Écris leur conversation (cinq questions et cinq réponses). ★★

Dans ce chapitre, tu vas

Tu vas utiliser ▸ *would, could, should, must* ▸ les adjectifs composés ▸ le passif

CHAPTER 4

The world of science

Choose your science

- Parler des matières scientifiques.
- Choisir un métier qui t'intéresse.

1 Speak and listen

[WB p. 54]

1. Say what you can about the poster.
2. Listen to the boy and his science teacher and find out about the poster.

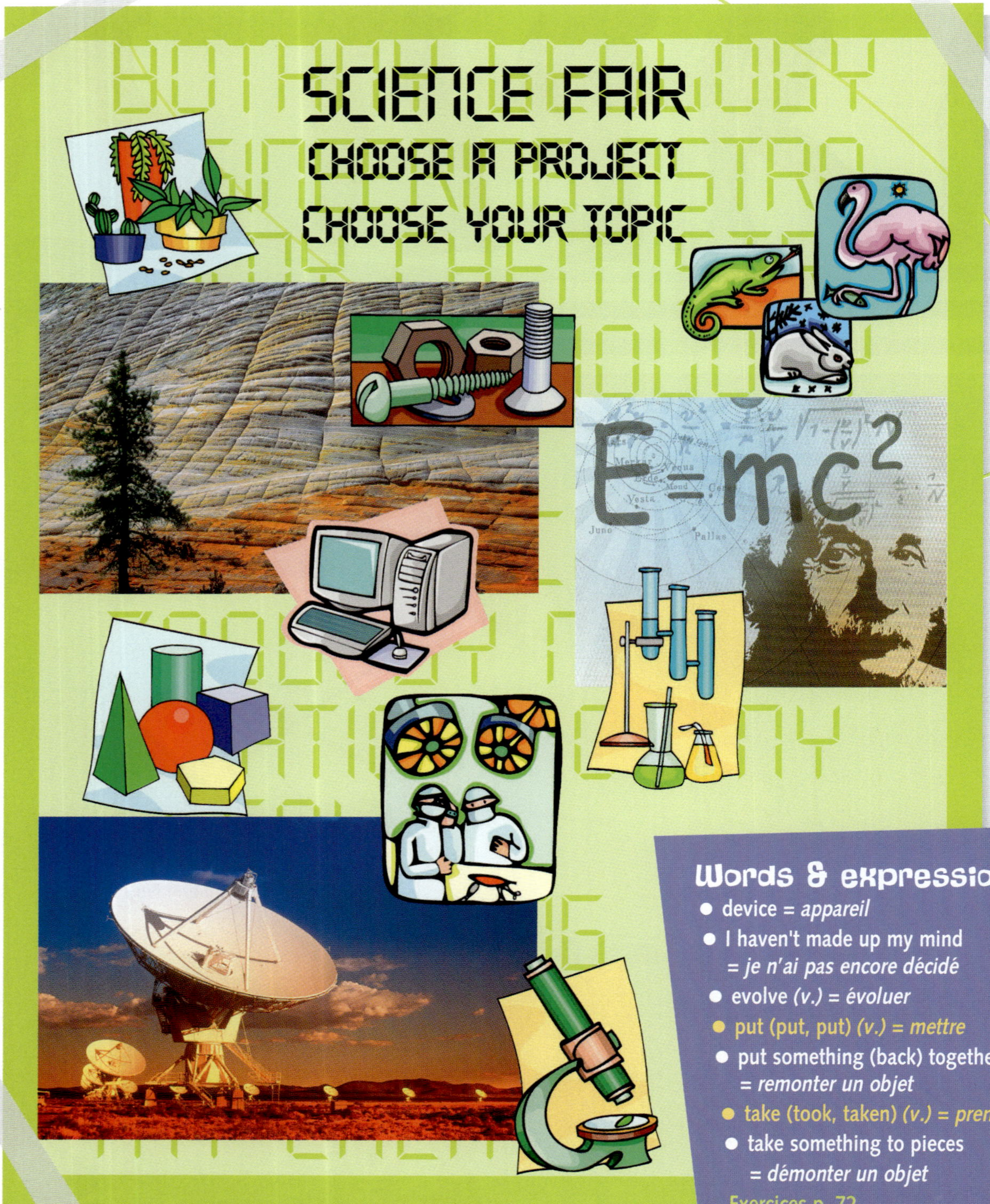

Words & expressions

- device = *appareil*
- I haven't made up my mind = *je n'ai pas encore décidé*
- evolve *(v.)* = *évoluer*
- put (put, put) *(v.)* = *mettre*
- put something (back) together = *remonter un objet*
- take (took, taken) *(v.)* = *prendre*
- take something to pieces = *démonter un objet*

Exercices p. 72

A FUTURE SCIENTIST?

1. Do you enjoy gardening and working with plants?
☐ Yes. ☐ No.
2. Do you like to take your mobile phone to pieces and put it back together again? ☐ Yes. ☐ No.
3. Would you like to understand more about things like gravity and electromagnetism? ☐ Yes. ☐ No.
4. Are you fascinated by animals and by how they survive and evolve? ☐ Yes. ☐ No.
5. Do you often look at the stars at night?
☐ Yes. ☐ No.
6. Are you interested in seeing the reaction between different substances, even if it's dangerous?
☐ Yes. ☐ No.
7. Do you enjoy doing puzzles like Sudoku?
☐ Yes. ☐ No.
8. Do you like using a computer and/or creating web pages?
☐ Yes. ☐ No.
9. Do you collect stones, rocks or fossils?
☐ Yes. ☐ No.
10. Are you good at helping people when they are ill?
☐ Yes. ☐ No.
11. Would you like to learn more about the mysteries of the natural world? ☐ Yes. ☐ No.

CONCLUSION

Suggested field of study:

....

2 Read and speak

[WB p. 55]

1. Find out about the different professions in your Workbook.

2. Work in pairs and find out if your partner is interested in science.

3. Report back to the class.
I think he/she should study … /become a(n)… because…

4. Say if you would like to become a scientist or not. Give your reasons.
I'd like to/I want to become a biologist.
I don't want to be a biologist. I'd prefer to study engineering./I'd rather be an engineer.
I don't know yet./I haven't made up my mind yet.

The sound of English [WB p. 55]

• Les mots se terminant par les suffixes *-ogy* ou *–ogist* sont toujours accentués sur la voyelle qui les précède :

biology biologist
zoology zoologist

• Lorsqu'on utilise la forme contractée de *would ('d)*, il faut faire très attention à prononcer le « **d** », car un simple « **d** » peut changer complètement le sens de la phrase :

I like to study/I like studying maths.
J'**aime** étudier les maths.

I'd like (= I would like) to study maths.
J'**aimerais** étudier les maths.

Checklist

Sais-tu parler de ce qui t'intéresse ? *"Are you good at… ?" "I'm interested in seeing…"*
➡ les prépositions + V-*ing* [PG p. 26]

Sais-tu dire ce que tu aimerais et ce que tu préférerais ?
"I'd prefer to be a vet." "I'd rather be a zoologist."
➡ *would prefer/rather* [PG p. 13]

Sais-tu donner un conseil ? *"You should study astronomy."*
➡ *should* [PG p. 13]

Grammaire
Observe et réfléchis
[WB p. 56]
Exercices p. 73

The Science Fair project

Demander et recevoir des suggestions, des conseils et des instructions.

1 Listen and understand

[WB p. 57]

1. Listen to Tim and his father.
What are Tim's ideas and his father's suggestions for Tim's science project?
2. Find out about Tim's final choice.

2 Listen and understand

[WB p. 57]

Listen to Tim and his teacher talking.
Find out about the different steps of Tim's science project.

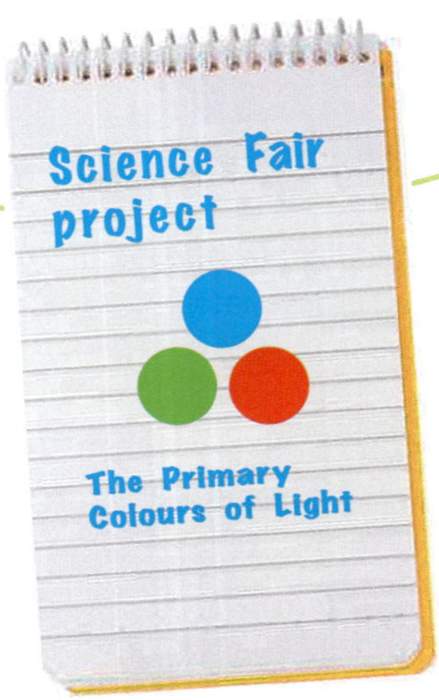

3 Speak

A student would like to be better at science OR at sport OR at English.
He/she asks a friend for advice. Imagine their conversation.

What should I do?

You could... You should...

14-year-old from Boulder wins prize in "America's Top Young Scientist» competition

Out of more than 79,000 middle school students across the United States, 14-year-old Ambrose Soehn from Boulder won third place today at the 9th annual Discovery Channel Young Scientist Challenge (DCYSC). 11-year-old Erik Gustafon from Cortland, New York, was chosen as "America's Top Young Scientist of the Year" and received a $20,000 college scholarship. He is the youngest student ever to win that title. The second-place winner in the competition is 14

year-old Katherine Strube from Glendale, Missouri.

"I love to experiment"

Aged 14, Ambrose likes learning difficult pieces of music on the piano. He also finds time for downhill skiing, basketball, and movies. He would like to become a scientist because, he says, "I would love to experiment and invent new substances and materials."

AMBROSE'S PROJECT

Natural vs. synthetic: polymers in today's world

Synthetic polymers are very slow to biodegrade. Ambrose wondered whether a natural polymer or a hybrid of natural and synthetic polymers could be both strong and biodegradable.

His hypothesis

A synthetic polymer would be strong in a series of tests, a natural polymer would prove biodegradable, and a hybrid would have both properties.

2 / BOULDER DAILY NEWS

4 Read and speak

[WB p. 60]

1. Read the article that appeared in a local newspaper in Boulder, Colorado.
2. Talk about the young scientist. What has he won? How?

5 Speak

Imagine interviews between journalists and the three winners of the competition.

Words & expressions

- awesome (fam.) = *cool, chouette, super*
- choose (chose, chosen) (v.) = *choisir*
- do an experiment = *faire une expérience*
- do some research = *faire une/des recherche(s)*
- lighting = *éclairage*
- scholarship = *bourse universitaire*
- topic = *sujet*
- win (won, won) (v.) = *gagner (un prix...)*
- wonder (v.) whether = *se demander si*

Exercices p. 72

Grammaire

Observe et réfléchis

[WB p. 59]

Exercices p. 73

Checklist

Sais-tu faire une suggestion ?

"You could do a project about Mars"

could [PG p. 12]

Sais-tu donner un conseil ?

"You should ask your teacher first."

should [PG p. 13]

Sais-tu parler de ce qu'il faut faire ?

"You must test your hypothesis."

must [PG p. 13]

Lire l'histoire écrite par un grand savant pour expliquer les trous noirs.

1 Read and understand

[WB p. 61]

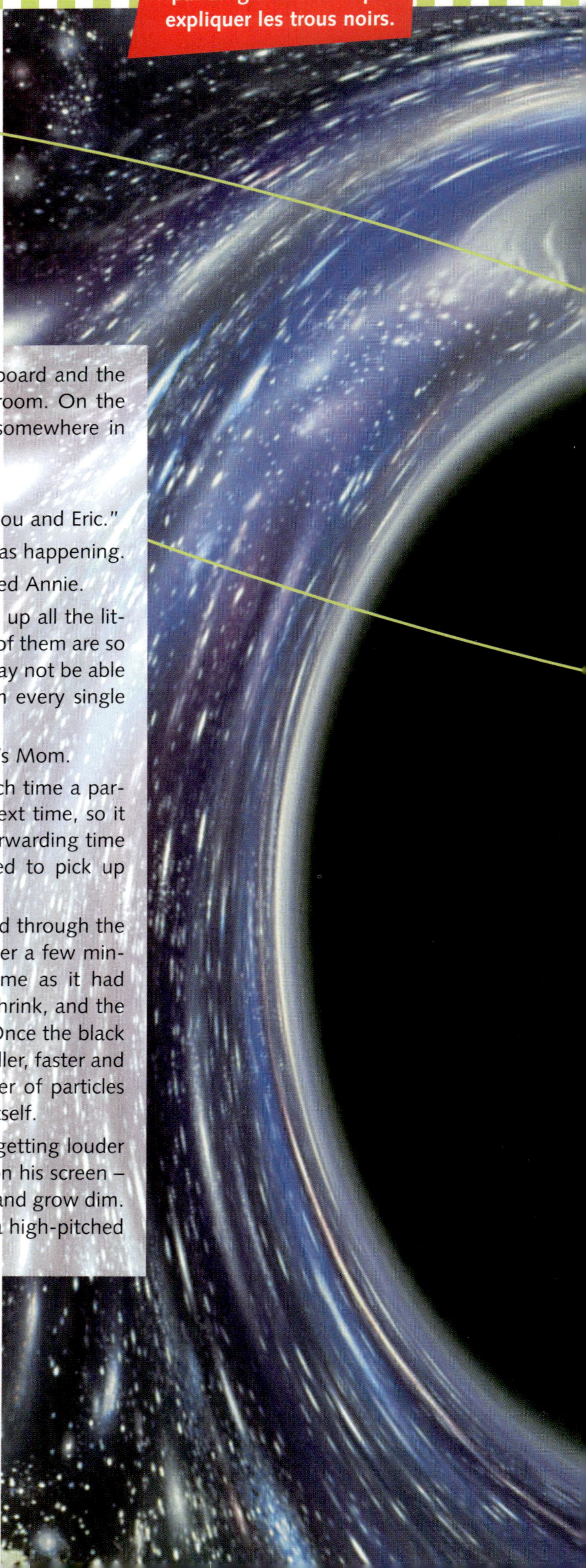

Annie pressed the ENTER key on Cosmos's keyboard and the portal window appeared in the middle of the room. On the other side of it was a very distorted view of somewhere in outer space. In the middle was a black patch.

"That's the black hole!" cried George.

"Correct," replied Cosmos. "That's where I left you and Eric."

The view seemed very still, as though nothing was happening.

"Cosmos, why aren't you doing anything?" asked Annie.

"It takes time," replied Cosmos. "I need to pick up all the little things that come out of the black hole. Most of them are so small, you can't even see them. If I miss one, I may not be able to reconstruct Eric. I will have to filter Eric from every single object that ever fell in the black hole."

"What do you mean *reconstruct*?" asked Annie's Mom.

"The black hole expels particles one by one. Each time a particle gets out, the black hole expels more the next time, so it gets quicker and quicker all the time. I'm fast forwarding time by billions of years. Please let me work. I need to pick up everything."

George, Annie and her Mom fell silent and stared through the window, each willing Cosmos to get it right. After a few minutes the black hole still looked exactly the same as it had before. But then as they watched, it started to shrink, and the space around it became less and less distorted. Once the black hole had begun shrinking, it got smaller and smaller, faster and faster. Now they could see an enormous number of particles that seemed to be coming from the black hole itself.

Cosmos was making a whirring noise that was getting louder and louder as the black hole shrank. The lights on his screen – so bright just one minute ago – started to flicker and grow dim. The whirring noise suddenly went crunchy and a high-pitched alarm went out of Cosmos's keyboard.

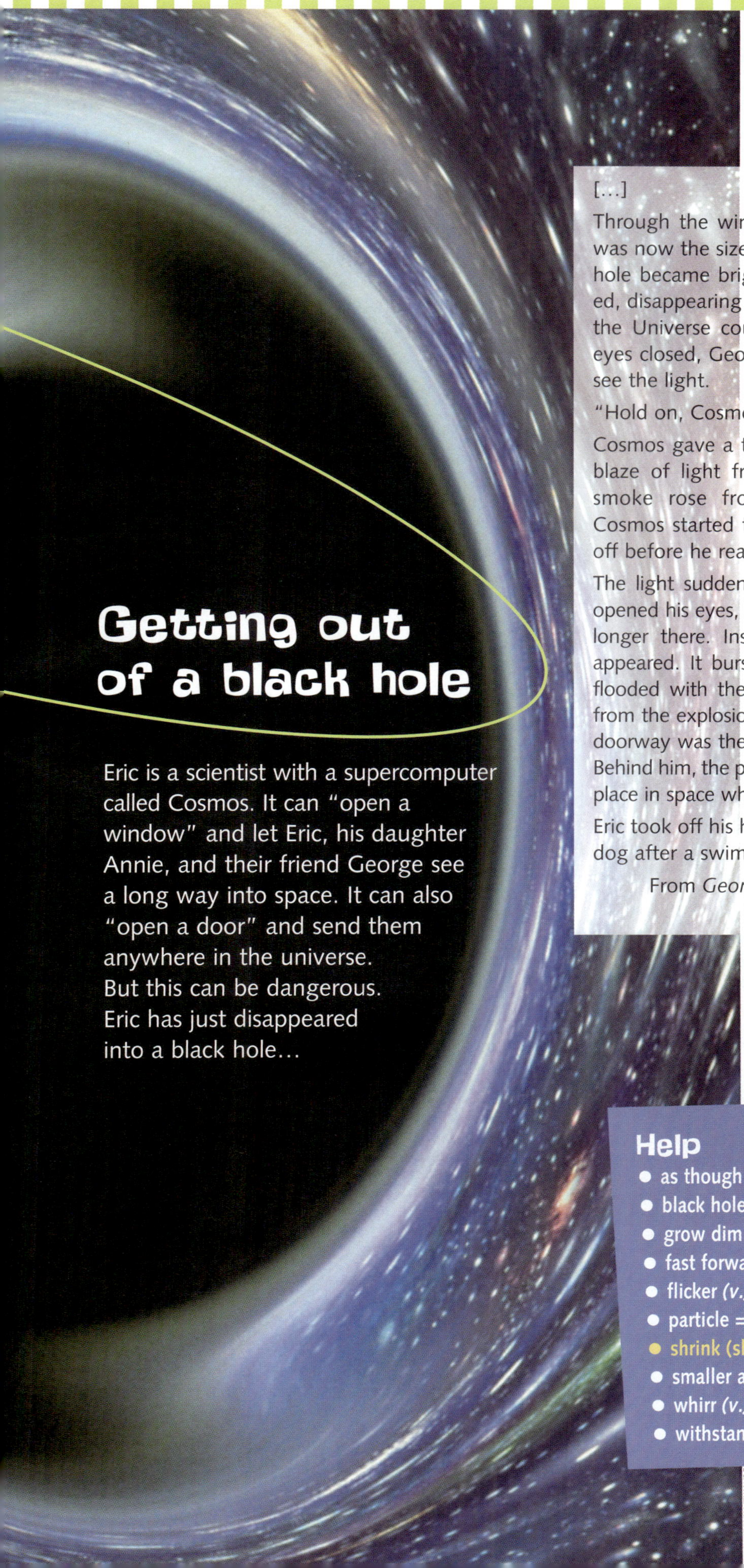

Getting out of a black hole

Eric is a scientist with a supercomputer called Cosmos. It can "open a window" and let Eric, his daughter Annie, and their friend George see a long way into space. It can also "open a door" and send them anywhere in the universe. But this can be dangerous. Eric has just disappeared into a black hole…

[…]

Through the window, they saw the black hole was now the size of a tennis ball. […] The black hole became bright and then suddenly exploded, disappearing in the most powerful explosion the Universe could withstand. Even with their eyes closed, George, Annie and her Mom could see the light.

"Hold on, Cosmos!" shouted Annie.

Cosmos gave a terrible groan and shot a green blaze of light from his screen as some white smoke rose from its circuits. "E-u-r-e-k-!" Cosmos started to shout, but his voice was cut off before he reached the end of the word.

The light suddenly vanished and, when George opened his eyes, he saw that the window was no longer there. Instead, the portal doorway had appeared. It burst open and the room […] was flooded with the fading flash of a brilliant light from the explosion. Standing in the middle of the doorway was the figure of a man in a space suit. Behind him, the portal doorway opened on a quiet place in space where the back hole was no more.

Eric took off his helmet and shook himself, like a dog after a swim…

From *George's Secret Key to the Universe*
by Lucy and Stephen Hawking.

Help

- as though = *comme si*
- black hole = *trou noir*
- grow dim = *s'assombrir*
- fast forward *(v.)* = *avancer*
- flicker *(v.)* = *vaciller*
- particle = *particule*
- shrink (shrank, shrunk) *(v.)* = *rétrécir*
- smaller and smaller = *de plus en plus petit*
- whirr *(v.)* = *ronfler (moteur)*
- withstand *(v.)* = *supporter*

Superheroes and science

- Découvrir deux savants et cinq superhéros.
- Comprendre que ceux-ci sont nés de la science.

radio good news
Today's documentary:
The first superhero

1 Listen and understand

[WB p. 62]

Find out about the origin of superheroes.

A

2 Read and speak

[WB p. 62]

1. Look at the pictures (A-E) and say what you know about these superheroes.
2. Read the paragraphs that go with the pictures and take notes in your Workbook. Link each superhero to a science.
3. Read about two British scientists (F, G). Can you link their ideas to any of the superheroes?
4. If you were a superhero, what powers or talents would you choose?

Ironman

At the time of the Vietnam War, a wealthy electrical engineer called Anthony Stark was taken prisoner during a visit to Vietnam. While in prison, he designed and built an electrically-powered suit of armour. When he wore it, he became extremely strong. With the help of the armour, he managed to escape. Afterwards he decided to use the armour to fight evil.

B

Spiderman

In the 1962 comic, a high school student called Peter Parker is bitten by a radioactive spider and becomes Spiderman. In the 2002 film version, the bite is from a genetically-engineered superspider that has escaped from a biology lab. The spider's bite gives Peter superhuman strength and he can make a web that is stronger than steel!

C

Superman

Clark Kent, a shy, mild-mannered journalist, was born on the planet Krypton. He was sent into space by his father who knew that Krypton was going to be destroyed. The baby landed on Earth and was brought up by Jonathan and Martha Kent from Smallville. Krypton has heavier gravity than Earth, so all objects on Earth seem to be very light to Superman.

D

Hulk

Dr Bruce Banner, a physicist, designed and built a terrifying bomb. When the bomb was tested, there was an accident and Dr Banner saved a boy's life. But Banner was bombarded with highly radioactive particles. Now, every time he gets very angry, he is transformed into a ferocious, powerful, green-skinned creature: The Hulk. When he loses control, he reminds us of the physical changes that happen when we feel emotions like fear or anger.

E

X-men

The X-men are creatures that could be the next step in human evolution. They are called X-men because they all have an "extra" ability that normal humans don't have. They work in a team under Professor Charles Xavier and are regarded as a danger to human civilization.

F

In his book, ***The Origin of Species***, Charles Darwin wanted to show that every species on Earth had developed from a previous species, including humans. At the time of its publication in 1859, the book shocked scientists and the general public. People could not believe that humans had evolved from apes!

G

Sir Isaac Newton (1643–1727) was an English mathematician, astronomer and physicist. They say that Newton was sitting under an apple tree when an apple fell on his head, and this inspired him to develop his Universal Law of Gravitation. The Law says that falling objects are attracted to Earth by a force called gravity. Newton used his theory to accurately predict the movement of the stars and planets around the sun.

Words & expressions

- bite (bit, bitten) *(v.)* = *mordre*
- bring up (brought, brought) *(v.)* = *élever*
- build (built, built) *(v.)* = *construire*
- evil = *le mal*
- fear = *peur*
- know (knew, known) *(v.)* = connaître, savoir
- law = *loi*
- lift *(v.)* = *soulever*
- species = *espèce*
- steel = *acier*
- take prisoner = *faire prisonnier*
- wear, (wore, worn) *(v.)* = *porter*

Exercices p. 72

Grammaire

Observe et réfléchis

[WB p. 63]

Exercices p. 73

Checklist

Sais-tu décrire un personnage ?

"The Hulk is green-skinned"

"a genetically-engineered superspider"

→ les adjectifs composés [PG p. 20]

Sais-tu parler d'une action subie ?

"Banner was bombarded...",

"He was sent into space..."

→ la voix passive [PG p. 27]

Incredible shadows!

- Comprendre un *science project*.
- Faire des hypothèses et des prédictions.

1 Listen and understand

[WB p. 64]

1. Listen to the first part of Tim's presentation.
2. Find out what his classmates think.

2 Listen and understand

[WB p. 66]

1. Listen to the second part of Tim's presentation.
2. Find which pictures correspond to the demonstration and put them in the right order.

3 Speak

Talk about the colours you would get if you mixed different coloured paints and different coloured lights.

4 Read and speak

[WB p. 67]

1. Read the instructions, then do the experiment at home.
2. Think about how to describe an experiment.

KITCHEN EXPERIMENT 1

Giant Marshmallows!

Use ordinary marshmallows to make giant marshmallows in the microwave!

You will need

• two marshmallows • a paper plate • a microwave oven

Method

1. Put two marshmallows on a paper plate and put the plate in the microwave on high.
2. Watch! After about 20 seconds, you'll see the marshmallows grow to about four times as big as their original size!
3. After 1 minute, take the plate out of the microwave and pull one marshmallow off the plate. Is it hollow inside? Is it the same colour inside and outside? When you eat it, is it soft or crunchy?
4. Watch the other marshmallow – it will shrink! Now use your fingers and make it into any shape you want. It will stay in that shape and get hard and crunchy.

KITCHEN EXPERIMENT 2

The Naked Egg!

Use vinegar to dissolve an eggshell without breaking the membrane that contains the egg.

You will need

• an egg • white vinegar • a bowl with a lid
• a big spoon • a fridge

Method:

5 Write

[WB p. 68]

Use the pictures and the keywords to describe how to make a "naked egg".

Compare English and French [WB p. 68]

a paper plate	une assiette en papier
put **the** plate in the microwave	mets l'assiette dans le four à micro ondes
ø paper plates	des assiettes en papier
ø white vinegar	du vinaigre blanc
throw away **the** vinegar	jette le vinaigre
ø eggs	des œufs
take out **the** eggs	enlève les œufs

Words & expressions

- deep pink = *rose foncé (= magenta)*
- happen = *arriver, se produire*
- hollow = *creux*
- light blue = *bleu clair*
- mix = *mélanger*
- shadow = *ombre*
- shrink (shrank, shrunk) *(v.)* = *rétrécir*

Exercices p. 72

Grammaire

Observe et réfléchis

[WB p. 66]

Exercices p. 73

Checklist

Sais-tu émettre des hypothèses ?
"What would happen if we used a coloured light?"
if + prétérit... *would* [PG p. 28]

Sais-tu prédire ce qui va se passer ?
"What will happen if I switch on the three spotlights?"
if + présent... *will* [PG p. 28]

Présenter une invention et un inventeur célèbre.

Jouer au jeu des inventions.

What does it take to be an inventor?

the wheel
3200-3500 BC

paper
105 AD

eyeglasses
1200s

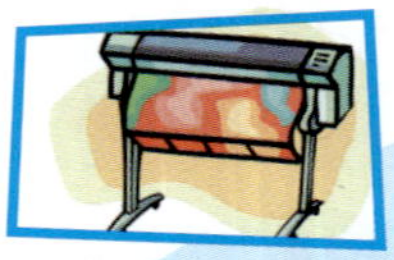
the printing press
1450s

the toilet
1500s

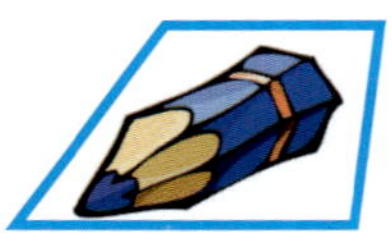
the pencil
1565

the microscope
1674

the sewing machine
1790-1840

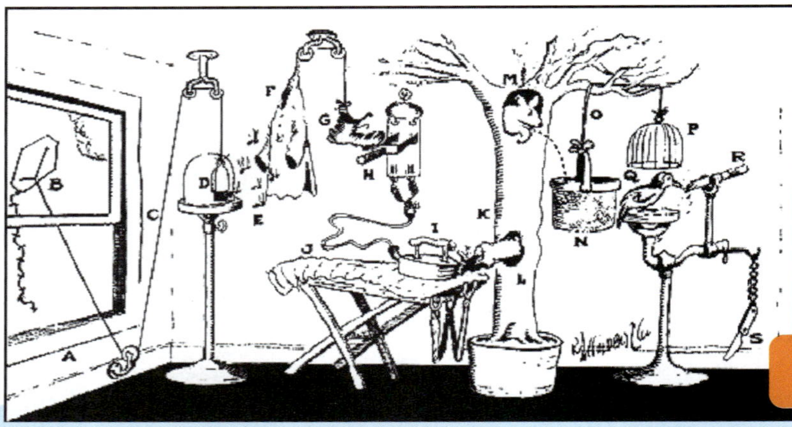

1

Rube Goldberg's crazy pencil sharpener

Open window (A) and fly kite (B). String (C) lifts small door (D) allowing moths[1] (E) to escape and eat shirt (F). As weight of shirt becomes less, shoe (G) steps on switch (H) which heats electric iron[2] (I) and burns hole in pants (J). Smoke (K) enters hole in tree (L), smoking out[3] opossum (M) which jumps into basket (N), pulling rope (O) and lifting cage (P), allowing woodpecker[4] (Q) to chew[5] wood from pencil (R), exposing lead[6]. Emergency knife (S) in case the opossum or or the woodpecker gets sick and can't work.

1. papillons de nuit 2. fer à repasser 3. enfumer 4. pivert 5. ronger 6. mine

Project work [WB p. 69]

A. Invent something crazy!

1. Look carefully at the picture of the crazy pencil sharpener and the key.
2. Make a list of all the things you need to make the crazy pencil sharpener.
3. Work in pairs. With the help of the key, discuss how the machine works: First, open the window…
4. Work in groups and design a crazy invention (like the pencil sharpener). It should have at least five "stages".
5. Draw the invention and write an explanation for each stage.
6. Present your invention to the rest of the class. How does it work?

batteries
1790s

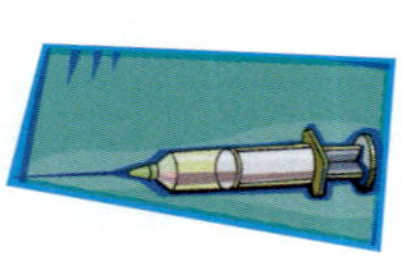
vaccination
1796

the clothes dryer
1800

the bicycle
early 1800s

the steam locomotive 1814

Stephenson and the steam locomotive

George Stephenson was born on June 9th, 1781, in the coal-mining village of Wylam, in the north of England. He came from a very poor family and started work in the coal mines when he was very young.

At that time, steam engines existed, but they were used principally as sources of power; they did not run on rails. George was fascinated by them. He loved all mechanical things and became very good at repairing clocks and small machines. He also started inventing things...

When he was twenty-two, he started building a locomotive. Everything was made by hand, and it took 10 months to make. Finally, on July 25th 1814, the locomotive was tested – it went at 4 miles an hour! It was the first steam locomotive to run on rails.

George became famous and, in 1825, he built the world's first public railway, from Stockton to Darlington.

2

The Rocket was Stephenson's most famous locomotive. Built in 1829 it could go 12 miles an hour!

penicillin
1929

the television
1927

the electric guitar
1923

the mass-produced car
1908

plastic
1907

the ballpoint pen
late 1800s

the light bulb
1879

recorded sound
1877

B. Present your favourite inventor

1. Read about George Stephenson and make out an identity card for him.
2. The following men were all the first to do something or to discover something. What was it? Thomas Edison, Alexander Fleming, Edward Jenner, James Watt, Henry Ford.
3. Choose one of the men and find out as much as you can about him. Use Stephenson's identity card as an example to take notes. Present him to the rest of the class.

C. Play 20 Questions

1. Choose one of the inventions on these pages. The rest of the class must guess what you have chosen, but they mustn't ask any questions about when it was invented. They can only ask 20 questions and you can only answer "Yes" or "No". Good luck!

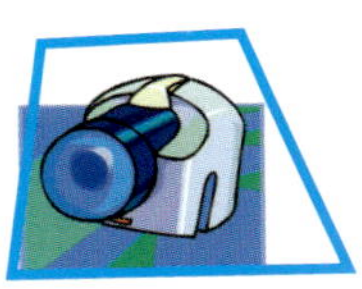

the camera
1827

the dishwasher
1850

the hot dog
1860

the traffic light
1868

the telephone
1876

Vocabulaire

LESSON 1

1. Cite trois matières scientifiques étudiées en SVT, et trois autres. ★★

2. Trouve le métier correspondant pour chacune des définitions. ★★

a. He works with plants. He is a / an ……
b. He is interested in animals and their lives. He is a / an ……
c. He loves collecting and studying rocks. He is a / an ……

3. Dis le contraire. ★★

a. I have made a decision.
b. You took it pieces. Now you must…
c. He has no talent for maths and no interest in zoology.
d. It doesn't change from generation to generation.

4. Trouve les mots correspondant aux définitions suivantes. ★★

a. a piece of equipment
b. a luminous point in the sky at night
c. the remains of a plant or an animal of prehistoric times
d. a phone you can carry in your pocket

LESSON 2

1. Complète la lettre de remerciement de Jenny avec les mots suivants. ★★

• lighting • spotlights • danced • awesome

Thank you for the party last night. The music was …… . I …… all the time and I had a lot of fun. The …… was great too. How many …… were there?

Love, Jenny

2. Traduis cette discussion sur un projet. ★★

– Je n'ai pas encore choisi mon sujet. Et toi?
– J'ai fait des recherches sur Internet et j'ai trouvé quelque chose.
– Je me demande toujours si je peux faire une expérience.
– Oui, mais tu dois d'abord faire une hypothèse, et ensuite la vérifier. Ensuite, prépare un panneau avec beaucoup de photos.

3. Ajoute -*ship* ou -*dom* pour former cinq noms. Vérifie dans le dictionnaire et traduis-les. ★★★

a. free
b. friend
c. scholar
d. member
e. king

LESSON 4

1. Forme un adjectif à partir de chacun de ces noms. Pour quatre d'entre eux, utilise le suffixe *–ful*. ★★

a. colour **b.** anger **c.** power
d. strength **e.** fear **f.** wealth
g. wonder **h.** care

2. Devine de quel super héros il est question dans chacune de ces devinettes. Puis écris une devinette sur ton super héros préféré. ★★

a. Who has superhuman powers?
b. Who is ferocious, powerful and green?
c. Who is not a real human being but a creature?

3. Relève dans les pages 66 et 67 au moins cinq mots qui se rapportent au combat. ★★

LESSON 5

1. Nomme ces couleurs. ★

a.
b.
c.
d.

2. a. Lis ces mots. Quel est l'intrus? ★★

• shadow • hollow • know • grow • how • throw • marshmallow • yellow • rainbow

b. Classe ces mots selon leur nature: nom, adjectif, verbe. Quel est l'intrus? ★★

3. Complète ce tableau. ★★★

Verbe	Nom
	destruction
evolve	
	civilisation
publish	
gravitate	
	attraction
transform	

4. Complète la recette de cookies avec les mots suivants. ★★

• cookies • bake • spoon • take • oven • bowl • eggs • spoonfuls

a. Mix the butter and the sugar in a large ……
b. Add the …… and the chocolate.
c. Mix with a wooden ……
d. Put six …… of the mixture on a baking tray and …… for 14 minutes in a hot ……
e. …… the tray out of the oven. Leave the …… to cool.

Grammaire

LESSON 1

Sais-tu parler de ce qui t'intéresse, de ce que tu aimerais, préférerais faire ?

1. Trouve trois verbes et deux expressions pour dire ce que tu aimes faire, ce que tu réussis bien et ce qui t'intéresse. Fais cinq phrases. ★

2. Dis ce que tu ne veux pas être, ce que tu adores faire et ce que tu aimerais devenir. ★

a. I don't ...... to be a biologist. I love ...... the guitar. I'd like ......
b. I don't ...... to be a .... I .... I ......
c. I don't .... I .... I ......

3. Deux camarades discutent. Traduis. ★★

– J'aimerais avoir un ordinateur.
– Moi, je préférerais un portable.
– J'en ai un, mais j'aimerais changer.

Sais-tu donner des conseils ?

4. Traduis ce que dit ton professeur. ★★

a. C'est bien. Tu fais tes devoirs tous les jours. Tu aimes étudier.
b. Si tu veux devenir biologiste, tu devrais aller au musée des sciences.
c. C'est un beau métier. Je t'aiderai. Vas-y !

LESSON 2

Sais-tu faire une suggestion, donner un conseil, et parler de ce qu'il faut faire ?

1. Quelle est la valeur de chaque auxiliaire de modalité ? ★★

	suggestion	conseil	obligation
must			
should			
could			

2. Complète avec un auxiliaire de modalité. ★★

a. You ...... take an umbrella. It's raining.
b. You ...... eat chewing gum in the classroom. It's forbidden.
c. We have got a choice. We ...... go by bus or by train.

3. Réagis à ce que dit ton ami en utilisant *must*, *should* ou *could*. ★★

a. I'm not enjoying the party.
b. I've got a headache.
c. There's a fire in the kitchen!
d. I've lost my jacket.

LESSON 4

Sais-tu décrire un personnage ?

1. Complète à l'aide d'adjectifs composés. ★★

a. a girl who writes with her right hand is a ......
b. a boy with dark hair is a ......
c. a creature with green skin is a ......
d. a woman with blue eyes is a ......

Sais-tu parler d'une action subie ?

2. Construire des phrases à la voix passive. Commence par le nom propre. ★★

a. Peter Parker / a radioactive / bite / spider
b. Anthony Stark / prisoner / take
c. Clark Kent / into space / father / send / his / by
d. Clark Kent / humans / bring up / by

3. Voici une liste des tâches que ta maman t'a demandé de faire. Tu écris une note en face pour lui dire ce qui a été fait ou pas. ★★★

a. Feed the cat. The cat ......
b. Water the plants. The plants ......
c. Vacuum the carpet. The carpet ......
d. Do your washing. The washing ......

LESSON 5

Sais-tu émettre des hypothèses et prédire ce qui va se passer ?

1. Complète les phrases. ★★

a. If you wait, you ... him
1. would see 2. will see 3. see
b. If I knew anything, I ... you.
1. would tell 2. tell 3. 'll tell
c. If he had enough money, he ... to a restaurant.
1. will go 2. go 3. would go

2. Complète à l'aide de *will* ou *would*. ★★

a. If you worked harder, your results ...... be better.
b. If you are free tonight, we ...... go to the cinema.
c. I ...... help you if I could.
d. If it is fine tomorrow, we ...... play tennis.

3. Tu veux t'assurer que l'éclairage sera parfait pour la soirée. Traduis. ★★★

– Si j'utilisais du bleu, l'ombre serait bleue.
– Non, elle serait noire.
– Que va-t-il arriver si j'allume les trois spots en même temps ?
– Il y aura trois ombres.
– Et si j'allumais deux spots ?
– Il y en aurait deux.

Dans ce chapitre, tu vas

Tu vas utiliser ▸ le *present perfect* (+ *for*, + *just*) ▸ le prétérit (+ *ago*) ▸ *used to*

CHAPTER 5

The world around us

Save Planet Earth

- Découvrir les dangers qui menacent notre planète.
- Décrire ce qui se produit et dire comment y remédier.

http://www.earth.com

Home | Global warning | Greenhouse gases | Who's changing the climate? | Planet Earth at risk

Today's interview: climatologist Dr Thomas Morrison — download podcast

Global warming

Greenhouse gases

Like the earth's atmosphere, the roof of a greenhouse lets most of the light in and does not allow most of the heat and energy to escape. The temperature in the greenhouse is then warmer than the outside.

Who's changing the climate?

Australia is experiencing an unprecedented drought.

Planet Earth at risk

New Orleans: the catastrophic effects of Hurricane Katrina in 2005.

Words & expressions

- burn (burnt, burnt) *(v.)* = *brûler*
- century = *siècle*
- coal = *charbon*
- drought [draut] = *sécheresse*
- factory = *usine*
- flood [flʌd] = *inondation*
- hurricane = *ouragan*
- ice cap *(v.)* = *calotte glacière*
- increase *(v.)* = *augmenter*
- melt (melt, melt) *(v.)* = *fondre*
- oil = *pétrole*
- power = *énergie*
- rise (rose, risen) *(v.)* = *monter, s'élever*
- storm = *tempête*

Exercices p. 88

1 Speak and listen

[WB p. 70]

1. Say what you can about the website.
2. Listen to the climatologist and find out about global warming.

From a "Friends of the Earth" brochure.

2 Read and speak

[WB p. 70]

1. Discuss the reasons for global warming shown in the "Friends of the Earth" brochure.

2. Work in groups and find 10 things you do every day that send greenhouse gases into the atmosphere.

The sound of English [WB p. 71]

• Les mots se terminant par le suffixe ***-ture*** sont toujours accentués sur la voyelle qui les précède, et se prononce [tʃə] : *nature* [ˈneɪtʃə].

• Les mots composés ont un accent principal sur le premier mot lorsque c'est lui qui porte l'information principale : ***computer*** *games*, ***video*** *games*.

Checklist

• **Sais-tu décrire des phénomènes actuels?**
"The Earth is getting warmer"
le présent en *be* + *V-ing* [PG p. 7]

• **Sais-tu parler de la manière d'atteindre un but ?**
"We can help by changing the way we travel"
les prépositions + V-ing [PG p. 26]

Grammaire
Exercices p. 89

LESSON 2

Exploring Australia

- Entendre parler des sites touristiques de l'Australie.
- Parler de phénomènes qui durent depuis un certain temps.

1 Listen and understand

[WB p. 72]

1. Listen to the phone conversation. Who's talking? What are they talking about?
2. Find out about James's plans.

Great Barrier Reef

2 Listen and understand

[WB p. 73]

1. Listen to Steve and his mother discussing his plans.
2. Compare their views about climate change.

3 Speak

1. Talk about what humans have done to the Earth. "A" believes we can and must do something about it.
"B" is very sceptical.
2. Work in pairs and discuss all the points.

They say...
Really?
Are you sure?
Is that what they say?

Words & expressions

- chemicals = *produits chimiques*
- coral reef = *récif de corail*
- destroy *(v.)* = *détruire*
- flood = *inondation*
- loads of (= lots of) = *beaucoup de*
- prawn = *crevette (rose)*
- oil spill = *marée noire*
- shipping = *transport maritime*
- threat = *menace*
- threaten *(v.)* = *menacer*

Exercices p. 88

THE THREAT TO THE REEF

You are about to enter dangerous waters…
Dangerous for the inhabitants that is. Human activity threatens[1] thousands of species along with the ecology of the area.

Coastal development out of control
Major development is planned along the Great Barrier Reef coast. Vast areas of freshwater-filtering wetlands have already been destroyed.

Pollution from land and sea
Millions of tons of sediments and chemicals pour[2] into the Reef lagoon every year. A major oil spill from increased industry and shipping could devastate huge areas.

Unsustainable fishing practices
Prawn trawling[3] destroys up to ten times more prawns than are actually harvested[4]. It kills endangered turtles. Many important marine habitats are being devastated.

Global climate change
Increased water temperatures cause the coral reefs to die and turn white. Many of the world's coral reefs could be dead in 40 years.

[1] menacer. [2] se déverser. [3] pêche au chalut. [4] récolter.

Please help us to prevent this damage to the Great Barrier Reef.

4 Read and speak

[WB p. 75]

1. Look at the picture and say all you can.
– *This picture is about… /It illustrates…*
2. Read the leaflet, then Talk about the Great Barrier Reef today.
– *What has already happened? Why?*
– *What could happen?*

5 Speak

Work in pairs (A and B). "A" wants to write an article about the Great Barrier Reef for a geographical magazine. "A" is interviewing "B", who is an expert on the Reef. Imagine the interview.

Grammaire
Observe et réfléchis
[WB p. 73, 74, 75]
Exercices p. 89

Checklist
- **Sais-tu faire un bilan ?** *"What have you done so far ?" "I have been to…" "I have seen…"* → le present perfect [PG p. 10]
- **Sais-tu parler d'un phénomène qui dure depuis un certain temps ?** *"Men have exploited the earth for centuries"* → le present perfect + for [PG p. 11]
- **Sais-tu décrire un changement progressif ?** *"temperatures will get higher and higher" "less and less water" " more and more floods"* → le comparatif [PG p. 21]

Lire les paroles de trois chansons qui nous appellent à changer.

Think about it

A lot of songwriters have written about humanity's place in the environment. These are the words of just three songs.

1 Read and understand

[WB p. 76]

Time is ticking out

We'd better think about the things we say.
We'd better think about the games we play.
The world went round, around and round.

We'd better think about the consequences.
We'd better think about the global senses.
The time went out, the time went out.

What about Chernobyl?
What about radiation?
We don't know, we don't know.

What about deprivation?
Gluttony, the human nation?
We don't know, we don't know.
For me love is all, for me love is all,

Time is ticking out.

Looks like we screwed up the ozone layer.
I wonder if the politicians care.
And time went out, and time went out.

What about our children then?
Is there nothing left for them?
We don't know, we don't know.
For me love is all, for me love is all.
Ahh they need oxygen, ahh they need oxygen.
For me love is all, for me love is all.

Time is ticking out, yeah,
The time is ticking out.

The Cranberries

Heal The World

There's a place in your heart
And I know that it is love,
And this place could be much
brighter than tomorrow.
And if you really try,
You'll find there's no need to cry.
In this place you'll feel
there's no hurt or sorrow.

There are ways to get there
If you care enough for the living.
Make a little space,
Make a better place.

Heal the world,
Make it a better place
For you and for me
And the entire human race.
There are people dying.
If you care enough for the living,
Make a better place
For you and for me. [...]

Michael Jackson

Fragile

If blood will flow when flesh and steel are one
Drying in the colour of the evening sun,
Tomorrow's rain will wash the stains away
But something in our minds will always stay.
Perhaps this final act was meant
To clinch a lifetime's argument
That nothing comes from violence and
nothing ever could
For all those born beneath an angry star.
Lest we forget how fragile we are,
On and on the rain will fall
Like tears from a star, like tears from a star.
On and on the rain will say:
How fragile we are how fragile we are.
On and on the rain will fall
Like tears from a star, like tears from a star.
On and on the rain will say:
How fragile we are how fragile we are,
How fragile we are how fragile we are.

Sting

Help

- bright = *clair, éclatant, brillant*
- care *(v.)* = *se soucier*
- clinch *(v.)* = *régler*
- flesh = *chair*
- gluttony = *goinfrerie*
- heal *(v.)* = *guérir*
- lest = *à moins que*
- screw up *(v.)* = *gâcher*
- sorrow = *tristesse*
- stain = *tache*
- steel = *acier*
- tick out *(v.)* = *passer (en faisant tic-tac)*

LESSON 4

Living in London – then and now

Découvrir l'histoire de la pollution à Londres.

1 Listen and understand

[WB p. 78]

Listen and find out about the meaning and the origin of *smog*.

2 Read and speak

[WB p. 78]

1. Look at the pictures (A-D) and say what you can about pollution in London in the past.
2. Read the paragraphs about the history of London's pollution and take notes.
3. Read about London today. Then work in groups and share ideas: How could you be a "green visitor" to London?

In Elizabethan times

"We are starting the Tudors. They lived in wooden houses and threw their poo out of the windows. I said, I think the Tudors were smelly."

From *Polly's Running Away Book* by Frances Thomas & Sally Gardner.

The River Thames in the 19th century.

The stinking River Thames

As London got bigger, drains were built, but waste went directly into the Thames. In the 1850s, 30,000 Londoners drank water from the Thames and died from cholera. In 1858 a hot summer made the river smell terrible. It was called "The Great Stink". That is when Londoners decided they needed proper drains…

Police find one of Jack the Ripper's victims.

Death in the London fog

In the 1880s a killer roamed the streets of London. He murdered at least six women and mutilated their bodies. The killer sent letters to the police and called himself "Jack the Ripper". Jack was never caught because he vanished as suddenly as he appeared. He simply disappeared into the fog. The London smog of 1952 had more serious consequences. In the week beginning the 5th December 1952, thousands of Londoners died in the worst air pollution disaster on record. The number of deaths during the days of the smog was three or four times the normal number.

Walking in the smog in 1952.

Traffic entering the congestion zone.

The new London waterfront.

Cleaner air and less traffic

In 1956, because of a new law, Londoners converted their homes from traditional coal fires to heaters that used gas, oil, smokeless coal or electricity. Later, factories too were severely regulated. The air is much cleaner now and there is no more smog.

However, pollution from heavy traffic is still a problem. In 2003 the Mayor of London introduced a "congestion charge" for all private vehicles driving into the centre of London. The aim was to increase the speed of traffic and reduce pollution. Most people think it has been successful. How does it work? Cameras in the congestion zone read your car registration plate…

Information and education

You can find out a lot about plants if you visit the Chelsea Physic Garden, founded in 1673. It is a conservation centre for 5,000 species. Scientists at the garden also do research into the use of plants in medicine. If you want to find out how you can ""Do One Thing" to help your environment, you can go to garden parties organised by the BBC. People go with their families to "meet" bees, butterflies, birds and bats!

The Chelsea Physic Garden.

Words & expressions

- butterfly = *papillon*
- death = *la mort*
- drain = *canalisation*
- fog = *brouillard*
- heater = *appareil de chauffage*
- stink *(n. v.)* = *mauvause odeur ; sentir mauvais*
- vanish *(v.)* = *disparaître*
- waste = *déchets, ordures*

Exercices p. 88

Grammaire

Exercices p. 89

Checklist

Sais-tu parler du passé ? *"waste went directly into the Thames", "Jack the Ripper murdered at least six women."* → le prétérit, [PG p. 8]

Sais-tu faire un bilan ? *"it has been successful"* → le *present perfect* [PG p. 10]

News from Australia

- Écouter un Aborigène parler de la vie de son peuple autrefois.
- Écrire à son député pour l'alerter sur un problème.

1 Listen and understand

[WB p. 79]

Listen to James, Pat and the guide.
Find out about the Aborigine way of life.

Uluru is one of the world's most famous rock formations. It is a sacred place for Aborigenes.

2 Listen and understand

[WB p. 80]

Listen and find out what Steve and the member of "Footprint Friends" are talking about.

Sydney then and now.

3 Speak

Look at the pictures and talk about them.

...ago there used to be...

but nowadays there is...

If you are a British citizen and you don't think the government is doing a good job, you can write to your Member of Parliament (MP) and ask him or her to raise the question in the House of Commons.

4 Read, speak and write

[WB p. 82]

1. Imagine you are Steve. Read the model letter and prepare your ideas.
2. Write Steve's letter to his MP.

(your name)
street,
postcode, town,
county
(date)

Mr/Mrs (name of your MP)
House of Commons,
London, SW1A 0AA

Dear Mr/Mrs (name of your MP),

I am writing this letter because I am concerned about climate change and its effect on the environment.
(Then explain what concerns you. What has changed? What are the dangers/the consequences?)
I urge you to take action before it is too late.
(Then say what you think the government should do.)
I look forward to hearing from you shortly.
Yours sincerely,
(your name) (your signature)

Compare English and French

[WB p. 82]

There is a very modern building. → *Il y a un bâtiment très moderne.*
There are lots of skyscrapers. → *Il y a beaucoup de gratte-ciel.*
Two centuries ago Sydney was a small harbour. → *Il y a deux siècles, Sydney était un petit port.*

Words & expressions

- amazing = *surprenant*
- bring (brought, brought) *(v.)* = *apporter*
- century = *siècle*
- coastline = *littoral*
- collect *(v.)* = *ramasser*
- event = *événement, réunion*
- hunt *(v.)* = *chasser*
- lead (led, led) *(v.)* = *mener*
- remote areas = *des lieux isolés*
- tribe [traɪb] = *tribu*

Exercices p. 88

Grammaire

Observe et réfléchis [WB p. 81]
Exercices p. 89

Checklist

Sais-tu situer un moment passé par rapport au moment où on parle? *"two hundred years ago"*
→ ago [PG p. 9]

Sais-tu parler de ce qui avait lieu autrefois, mais n'a plus lieu aujourd'hui? *"they used to hunt"*
→ used to [PG p. 10]

Sais-tu exprimer des quantités ? *"some..." "a few..." "most of..."* → les quantifieurs [PG p. 18]

Sais-tu parler d'une action qui vient de se produire? *"My brother has just come back"*
→ le *present perfect* [PG p. 10]

Élire la personnalité la plus écologiste.

ViPs who care about the world

Al Gore, the campaigner against global warming

Al Gore is an American politician who failed to become President in 1988 but won the Nobel Peace Prize in 2007. In the same year, he starred in a film about the environment – "An Inconvenient Truth" – which won an Oscar. He has never stopped warning people that we are baking our planet. He said, in 1989: "An enormous hole is opening in the ozone layer. Living species are dying at an unprecedented rate." Thanks to his courage and tireless work, the public has finally understood one of the most important issues of our time.

1

The film that won an Oscar for best documentary.

Robert Redford, the green movie star

Robert Redford was talking about global warming as early as 1989. Even then he was very knowledgeable about the environment. In the 1990s he started campaigning for important environmental causes: the Grand Staircase Escalante Monument in Utah, the Arctic National Wildlife Refuge in Alaska… He has donated time and money, he has made documentaries, he has even given land. Most importantly perhaps, he has set an example to others.

2

The Grand Staircase Escalante Monument in Utah, a 1.9 million acre (7,571 sq. km) wilderness that has been a national monument since 1996.

Wangari Maathai, the tree planter

3

Wangari campaigned against cutting down trees in Kenya.

When Wangari Maathai was born, Kenya was still green and the seasons were regular. Then she noticed that her country's vegetation was fast disappearing. In the late 1970s, she founded the Green Belt movement and encouraged people to plant trees to prevent soil erosion. The group had some success but Wangari spent some time in prison. Then, in 2002, she won a seat in Parliament, and in 2004 she became the first environmentalist and the first African woman to win the Nobel Peace Prize.

> **Treat the Earth well. It was not given to you by your parents. It was lent to you by your children.** Kenyan proverb

Prince Charles, the eco-farmer

Prince Charles has promoted environmental ideas for most of his adult life. In 1986, he set up an organic farm to produce milk, cereals and vegetables and "Duchy Originals", the company that sells his organic products, has been very successful. Prince Charles once told a TV reporter that he talked to his plants to help them grow, so a lot of people think he is an eccentric. But some people think he is one of the world's top conservationists..

4

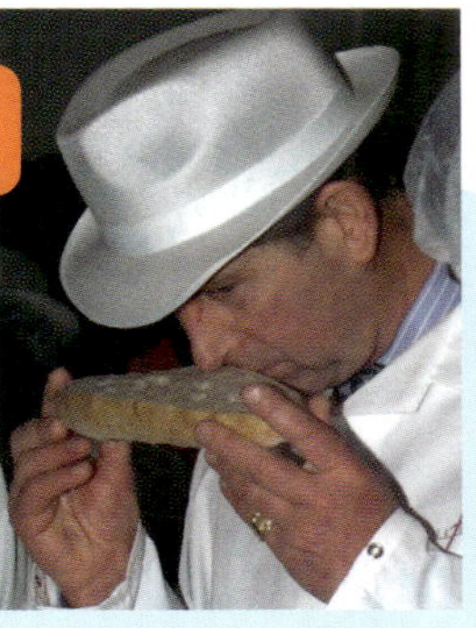

Prince Charles testing one of his own organic products.

5

Scarlett Johansson, the Oxfam ambassador

Scarlett Johansson began acting when she was eight. In 1998, she played the role of Grace MacLean, the teenager who was traumatised by a riding accident in Robert Redford's film *The Horse Whisperer*. In 2005, she joined the charity Oxfam because she wanted to use her celebrity to make people aware of the work done by Oxfam. She has raised a lot of money and has toured India and Sri Lanka. "It's strange to come home when you see people living in poverty," she says.

Oxfam is a charity that fights famine and poverty all over the world.

6

DiCaprio's film is about the "human footprint": the effect of mankind on the world around us.)

Leonardo DiCaprio and the human footprint

DiCaprio is one of Hollywood's biggest stars, and also a dedicated environmentalist. He has to travel a lot but always flies on commercial flights because private jets use more fuel per person. In 2007, he made a documentary, "The 11th hour", about the environmental crises caused by the human footprint: the impact of human behaviour on the planet. He believes that global warming is the biggest problem for mankind, "The danger is now," he says, but he believes that we can really change things: "The hope is you."

Project work [WB p. 83]

Project work: elect a champion

1. Work in groups. Choose what you consider the most important environmental cause and give your reasons.
2. Read about the VIPs of the environment and choose the VIP who best supports your cause. You can choose one from these pages or another celebrity (e.g. Bill Clinton, Bill Gates, Bono from U2, Angelina Jolie, George Clooney, Matt Damon…).
3. Prepare a presentation to justify your choice (speak about the cause and what the VIP has done to support it).
4. Make your presentation. It's an election, so you must be as convincing as possible!
5. Organise the election: vote for the best cause and the best VIP.

Vocabulaire

LESSON 1

1. Trouve les noms anglais qui désignent les cinq éléments. ★

2. Trouve l'intrus puis traduis-le. ★★

a. *hurricane, storm, factory*
b. *rise, melt, increase*
c. *coal, oil, ice cap*

3. Complète les phrases suivantes en utilisant *burn, drought* et *flood*. ★★

a. A ...... is a period of time when there is not enough water.
b. Power stations ...... oil and coal.
c. A ...... happens when the water level rises too much.

4. Complète ce tableau. ★★

Nom	Adjectif
heat	......
warmth	......
......	dry
......	windy
rain	......
......	foggy
......	sunny

LESSON 2

1. Trouve le mot qui manque, puis traduis-le en français. ★★

a. _ _ _ spill = ...
b. coral _ _ _ _ = ...

2. Trouve un nom dérivé de chaque verbe. ★★

a. threaten = ...
b. destroy = ...
c. flow = ...

3. Trouve les contraires des mots suivants. ★★

• safe • minor • small • tiny • alive • less • inside

LESSON 4

1. Complète ces familles de mots. Les mots qui manquent se trouvent sur les pages 82-83. ★★

a. weather: rain, sun, wind, _ _ _
b. anmals: bird, insect, bee, _ _ _ _ _ _ _ _ _
c. heating: coal fire, radiator, _ _ _ _ _ _

2. Trouve un synonyme pour chaque mot. ★★

a. disappear = ...
b. smell horrible = ...
c. rubbish = ...

3. Dans le paragraphe *Death in the London fog*, trouve les mots suivants. ★★★

a. des noms dérivés des verbes *kill*, *murder* et *die*.
b. un synonyme et un contraire de *disappear*.

4. Souviens-toi de ce que tu as appris sur la vie des Londoniens au XIXe siècle. Complète ce paragraphe avec les mots suivants. ★★★

• stink • drains • murdered • caught • fog • diseases • Jack

In Elizabethan times, there were no ...... so the streets were smelly! There were a lot of ...... because Londoners drank the water from the Thames. The river smelt terrible. It was called the Great ......

Later, ... the Ripper ...... women and got away in the .... He was never ......

LESSON 5

1. Retrouve les traductions des quatre verbes suivants. Aide-toi des anagrammes. Puis dis quels sont les verbes irréguliers. Écris leur prétérit et leur participe passé. ★★

Les verbes : chasser, mener, récolter, apporter.
Les anagrammes : *deal, grnib, hynu, tcelloc*

2. Complète les phrases suivantes au passé à l'aide des verbes que tu as retrouvés ci-dessus. ★★

a. The Aborigines ...... a very simple life.
b. The men ...... kangaroos and turtles.
c. The women and children ...... fruit and berries.
d. The arrival of the Europeans ...... big changes to the Aboriginal way of life.

3. Complète. ★

a. 7 days = a w......
b. 365 days = a y......
c. 10 years = a decade
d. 100 years = a c......
e. 200 years = two c......

4. Traduis les phrases suivantes. ★★

a. Il y a trois siècles, le littoral australien était très différent.
b. Les Aborigènes habitaient dans des lieux isolés il y a deux siècles.
c. Est-ce qu'il y a des tribus aborigènes ?
d. Uluru est un endroit très surprenant.

Grammaire

LESSON 1

Sais-tu décrire des phénomènes actuels ?

1. Complete les phrases en mettant les verbes au présent en *be* + V-*ing*. ★★

a. The Earth ...... (get) warmer.

b. Why ...... scientists ...... (become) more and more worried about climate change?

c. Infectious diseases ...... (spread) as a result of global warming.

d. Some countries ...... (not do) enough to stop global warming.

e. Polar ice caps ...... (melt).

Sais-tu parler de la manière d'atteindre un but ?

2. Complète les phrases suivantes à l'aide d'une préposition et du verbe entre parenthèses. N'oublie pas de mettre le verbe à la bonne forme ! ★★

a. You can help make a difference ...... (join) Friends of the Earth.

b. It is possible to reduce waste ...... (recycle).

c. You can reduce global warming ...... (turn off) lights when you leave a room.

d. You can use less water ...... (take) a shower instead of a bath.

LESSON 2

Sais-tu faire un bilan ?

1. Complète en utilisant les verbes suivants au *present perfect*. Attention ! Les verbes sont dans le désordre. ★★

• start • read • think • buy

a. I ...... lots about the environment on the *Friends of the Earth* website.

b. At home, we ...... to recycle all our bottles and cans.

c. My dad ...... energy-saving light bulbs for all the rooms in the house.

d. ...... you ...... about what you can do to protect the environment?

Sais-tu décrire un changement progressif ?

2. Traduis. ★★

a. de plus en plus long

b. de plus en plus d'inondations

c. de moins en moins d'eau potable

d. de plus en plus lent

e. À l'avenir, il y aura de plus en plus de tempêtes.

f. Les températures vont augmenter de plus en plus.

LESSON 4

Sais-tu parler du passé ?

1. Complète le paragraphe suivant. Utilise le prétérit simple. ★★

During the 19th century, London ...... (turn) into the world's largest city and capital of the British Empire. Its population ...... (expand) from 1 million in 1800 to 6.7 million a century later. During this period, London ...... (become) the political, financial, and trading capital of the world. However, as London ...... (get) bigger, pollution ...... (start) to be a huge problem. Diseases like cholera ...... (hit) London and thousands of people ...... (die)..

Sais-tu faire la différence entre un événement passé et un bilan ?

2. Complète ces phrases à l'aide du *present perfect* ou du prétérit simple. ★★★

a. My uncle is a historian. He ... (do) a lot of research about Elizabethan times.

b. I ... (visit) the museum with him yesterday.

c. Jack the Ripper ... (kill) at least six women.

d. ... the population ... (grow) in the 19th century?

e. ... London ... (change) much recently?

f. There's a serial killer in the news at the moment. He ... (murder) four people.

LESSON 5

Sais-tu situer un moment passé par rapport au moment où on parle ?

1. Complete ces phrases – il s'agit d'événements passés – puis traduis-les. ★★

a. Millions of years ...... , the Aborigines ...... (live) in harmony with nature.

b. He ...... (visit) Australia two years ......

c. Two centuries ...... , there ...... (be) about 30,000 Aborigines in Australia.

Sais-tu parler de ce qui avait lieu autrefois, mais n'a plus lieu aujourd'hui ?

2. Écris trois phrases pour dire comment les Aborigènes vivaient autrefois. Utilise *used to* et les verbes suivants : *hunt, travel, paint*. ★★

Sais-tu parler d'une action qui vient de se produire ?

3. Imagine que tu es en vacances en Australie. Écris trois phrases pour dire ce que tu viens de faire. Commence par la traduction de « je viens de visiter Ayers Rock ». ★★

Julian Beever: "Batman and Robin to the rescue"

Dans ce chapitre, tu vas

Tu vas utiliser
- le superlatif
- *mustn't, don't have to*
- *could, had to*
- la proposition infinitive

Hobbits' houses: *The Lord of the Rings*, 2001.

CHAPTER 6

The world of imagination

The Guggenheim Museum, Bilbao.

How imagination works

- Découvrir un auteur de littérature fantastique et des chanteurs célèbres.
- Comprendre comment fonctionne leur imagination.

1 Speak and listen

[WB p. 84]

1. Look at the pictures. Do you know anything about the book, the film or the author?
2. Listen to an interview and find out about Philip Pullman.

2 Speak and listen

[WB p. 85]

1. Look at the photo and describe it.
2. Say what you know about the Beatles.
If you don't know anything, ask your friends or your teacher.
Who were the "Fab Four"? Where did they live?
3. Listen to an interview with a member of their fan club and find out more.

Ringo Starr, John Lennon, Paul McCartney, George Harrison, The Fab Four.

Imagine (extract)

You may say I'm a dreamer / But I'm not the only one.
I hope some day you'll join us
And the world will be as one.

Imagine no possessions, / I wonder if you can.
No need for greed or hunger, / A brotherhood of man.
Imagine all the people sharing all the world.

John Lennon

Yesterday (extract)

Yesterday, all my troubles seemed so far away.
Now it looks as though they're here to stay.
Oh, I believe in yesterday.

Suddenly, I'm not half the man I used to be.
There's a shadow hanging over me.
Oh, yesterday came suddenly.

Why she had to go I don't know, she wouldn't say.
I said something wrong, now I long for yesterday.

Yesterday, love was such an easy game to play.
Now I need a place to hide away.
Oh, I believe in yesterday.

John Lennon & Paul McCartney

Words & expressions

- dream *(n., v.)* = *rêve ; rêver*
- greed = *avidité*
- hide away (hid, hidden) = *se cacher*
- hope *(v.)* = *espérer*
- believe *(v.)* = *croire*
- it looks as though = *on dirait que*
- I wonder if = *je me demande si*
- lyrics = *paroles d'une chanson*
- record [rɪ'kɔːd] = *disque*
- recording [rɪ'kɔːdɪŋ] = *enregistrement*
- share *(v.)* = *partager*
- tune = *air*
- the only one = *le seul*
- write (wrote- written) *(v.)* = *écrire*
- work = *œuvre*

Exercices p. 104

Tim Burton, the director of *Batman* (1989), *Batman Returns* (1992), *Edward Scissorhands* (1990) and *Sweeney Todd* (2007).

Rowan Atkinson (Mr Bean) is one of Britain's funniest comedians.

Six Marilyns by Andy Warhol is one of his most famous paintings.

The Guggenheim Museum in Bilbao, by the American/Canadian architect Frank Gehry. It has been called the greatest building of our time.

3 Read and speak

[WB p. 86]

1. Do you recognise any of the objects or the people in the pictures? What do you think of them?

2. Would you like to be an artist (a singer, a film director, a painter, an architect, a comedian…)? Talk to a friend about your ambitions.

I'd like to be a writer /a poet/a singer/...

because I like... /I'm good at.../I could...

The sound of English [WB p. 86]

• Les questions qui commencent par un mot interrogatif ont une intonation descendante en anglais :

What about *Yellow Submarine*?

• Dans *His best-known work is his trilogy, isn't it?*, « **isn't it?** » n'est pas une vraie question. C'est un tag de confirmation, une formule de politesse. On attend une réponse qui confirme l'énoncé principal. L'énoncé est descendant et le tag descendant aussi.

His best-known work is his trilogy, isn't it?

• La voyelle « **o** » peut se prononcer [?] comme dans *love* ou *brother*. Elle peut aussi se prononcer [eU] comme dans *know*, *go* et *hope*.

Grammaire
Exercices p. 105

Checklist

• **Sais-tu parler d'un métier que tu aimerais faire ?** *"I'd like to be an architect."*
a/an (l'article indéfini) [PG p. 16]

• **Sais-tu dire que c'est le meilleur, le premier, le plus… ?** *"His best-known work…" "one of Britain's funniest comedians" "one of his most famous paintings"*
le superlatif [PG p. 22]

Red Nose Day

- Écouter parler d'un spectacle de rue.
- Célébrer *Red Nose Day*.

Julian Beever: "Batman and Robin to the rescue"

1 Listen and understand

[WB p.87]

1. Listen and find out what Sean and his friend Connor are doing in the street.
2. What do they think about the street enterntainment?

2 Listen and understand

[WB p. 89]

1. Listen and find out what Sean wants.
2. Find out about the rules. What do you think of them?

3 Speak

THE BIG ONE

The class has a great idea for Red Nose Day. You are the class representative. You are meeting the Head Teacher who tells you the rules.

Can we… ?

Are we allowed to… ?

You must…

You mustn't…

but you don't have to…

Words & expressions

- agree to something = *accepter quelque chose*
- charity = *association humanitaire*
- charge (v.) = *faire payer*
- dress up (v.) = *se déguiser*
- fashion show = *défilé de mode*
- fundraising = *récolter de l'argent*
- Hang on! = *Attends!*
- juggle (v.) = *jongler*
- rehearse (v.) = *répéter*
- show off (v.) = *faire étalage de*
- useless = *nul*
- wear (wore, worn) (v.) = *porter (un vêtement)*

Exercices p. 104

http://www.thecollegeblog.co.uk

Home | Holidays | Sports | Contact | Red nose day

Big red nose at our College

What are we going to do for Red Nose Day?
Comic Relief are organising the next Red Nose Day very soon. Go to their websites and find out more (www.comicrelief.com or www.rednoseday.com). Here are some ideas they suggest for Red Nose Day – they call it the BIG day – in schools.

Get "reddy" for the BIG one!
Put on a Red Nose and do something a bit silly to raise money. You'll make a big difference to thousands of poor and disadvantaged people across the UK and Africa.

Get dressed up! Dress BIG!
- You could decorate your uniform or wear BIG clothes: your dad's shirt, your mum's hat or your BIG sister's dress.
- Jazz up your biggest, baggiest jeans or your funkiest flowery skirt.
- Paint your faces red, wear red ribbons in your hair, wear ruby red jewellery – be as red as the nose!
- Prepare a funky fashion show – with red clothes, clothes you have made or just crazy clothes!

BIG events
- Put on a BIG quiz and show off your knowledge!
- Organise a BIG disco!
- Make every child in your school part of an amazing BIG day.

Fast fundraising ideas
Non-Uniform Day – Everyone pays £1 to wear what they like to school!
- Sing a Song - Get a group to sing the Red Nose Day schools' song "Make Someone Happy" and charge people to watch.
- Peace and Quiet - Students are sponsored to stop talking for 30 minutes or even an hour.
- Wear Red – Everyone wears one item of red clothing for the day and pays £1.
- Read-o-thon – Who can read the most books from now until Red Nose Day? You get sponsored for every book you read
- The Fun Sale – bring in something to sell and raise some fast cash for Red Nose Day.
- Film-o-thon – Hold an afternoon of film watching and charge £1 for entry.

4 Read and speak

[WB p. 90]

1. Find out what they do in British schools on Red Nose Day. Why do they do it?
2. What would you do at your school to raise money for people from poor countries, handicapped people etc.?

5 Speak

3. Work in pairs ("A" and "B"). "A" is a british student who organised events at his/her school Red Nose Day. "B" is a French student interviewing "A" for his/her school magazine. Imagine their conversation.

What events... ?
How much money did you... ?
How much did you charge... ?

Checklist

- **Sais-tu dire ce que tu sais et ce que tu ne sais pas faire ?**
  "I can paint but I can't eat fire" ▶ *can* [PG p. 12]
- **Sais-tu dire ce que tu pouvais ou ne pouvais pas faire ?**
  "everyone could see" "Dad couldn't remember" ▶ *could* [PG p. 12]
- **Sais-tu parler du meilleur et du pire ?** *"...the best painter I've ever seen"*
  "...the worst band I've ever heard" ▶ *le present perfect* [PG p. 11]
- **Sais tu parler de ce qui est obligatoire et de ce qui est interdit ?**
  "You must be very careful. You mustn't smoke ▶ *must* [PG p. 13]
- **Sais-tu parler de ce qui n'est pas nécessaire ?**
  "...we don't have to queue" ▶ *have to* [PG p.13]

Grammaire
Observe et réfléchis
[WB p.87, 88, 89]
Exercices p. 105

LESSON 3

Other worlds

- Entrer dans un univers fantastique.
- Comprendre la quête de Lyra et celle de son père.

1 Read and understand

[WB p. 92]

Twelve-year-old Lyra didn't know who her real parents were. She grew up in Oxford - not the real Oxford but an Oxford in a parallel universe. She loved to spend time with the Gyptians, a group of nomadic people who lived on canal-boats.

When her mysterious "Uncle Asriel" visited her, he showed her pictures of the Northern Lights and talked about "the Dust", then he left and went back to the North.

Later the Gyptians told Lyra that Asriel was her father, and that her mother was the head of an organisation that was kidnapping children. The Gyptian chiefs, Farder Coram and John Faa, decided to go to the North and rescue the missing children, including a good friend of Lyra's. They took Lyra and her beloved daemon, Pantalaimon, with them. On their journey, they discovered some strange creatures and a very strange world…

Lyra was bursting to ask a question, and the goose-daemon knew it and it looked at her as if giving permission.

"Why do the witches talk about me?" she said.

"Because of your father and his knowledge of the other worlds," the daemon replied.

That surprised all of them. Lyra looked at Farder Coram, who looked back in mild wonder, and at John Faa, whose expression was troubled.

"Other worlds," he said. "Pardon me, sir, but what worlds would those be? Do you mean the stars?"

"Indeed, no."

"Perhaps the world of spirits?" said Farder Coram.

"Nor that."

"Is it the city in the lights?" said Lyra. "It is, isn't it?"

The goose turned its stately head towards her. His eyes were black, surrounded by a thin line of pure sky-blue and their gaze was intense.

"Yes," he said. "Witches have known of the other worlds for thousands of years. You can see them sometimes in the Northern Lights. They aren't part of this universe at all: even the furthest stars are part of this universe, but the lights show us a different universe entirely. Not further away, but interpenetrating with this one. Here, on this deck, millions of other universes exist, unaware of one another…"

He raised his wings and spread them wide before folding them again.

"There," he said, "I have just brushed ten million other worlds, and they knew nothing of it. We are as close as a heartbeat, but we can never touch or see or hear these other worlds except in the Northern Lights."

"And why there?" said Farder Coram.

"Because the charged particles in the Aurora have the property of making the matter thin, so that we can see through it for a brief time. Witches have always known this, but we seldom speak of it."

"My father believes in it," Lyra said. "I know because I heard him talking and showing pictures of the Aurora."

"Is this anything to do with Dust?" said John Faa.

"Who can say?" said the goose-daemon. All I can tell you is that the Dust-hunters are as frightened of it as if it were deadly poison. That is why they imprisoned Lord Asriel."

"But why?" Lyra said.

They think he intends to use Dust in some way in order to make a bridge between this world and the world beyond the Aurora."

She heard Farder Coram say: "And does he?"

"Yes," said the goose-daemon. "They don't believe he can because they think he is mad to believe in the other worlds in the first place. But it is true. This is his intention…"

From *Northern Lights* by Philip Pullman.

LYRA'S UNIVERSE

A daemon: A person's soul that is seen in the form of an animal. A child's daemon is able to change its form until the child reaches adolescence. Lyra's daemon often appears as a mouse, a moth or a stoat.

The goose-daemon: The daemon of a witch who is a friend of Farder Coram's.

The Aurora: A very special light (part of the Northern Lights) that fills in the sky and that Lyra found beautiful and very moving when she saw it. As she was looking at it, the image of a city appeared.

The Dust: Mysterious particles that come from another world.

Help

- burst to (burst, burst) *(v.)* = *mourir d'envie de*
- deadly = *mortel*
- dust = *poussière*
- gaze = *regard*
- it looked as if = *on aurait dit que*
- knowledge = *connaissance*
- matter = *matière*
- moth = *papillon de nuit*
- seldom = *rarement*
- soul = *âme*
- stoat = *hermine*
- thin = *mince*
- be unaware of = *ignorer*

All in the imagination...

Découvrir les mondes imaginés par des auteurs anglais et une série télé de science fiction.

1 Listen and understand

[WB p. 94]

Listen and find out about science fiction and fantasy.

radio good news
Today's documentary:
Fantasy and science fiction

2 Read and speak

[WB p. 94]

1. Look at the pictures (A- D). Say if you know something about them.
2. Read and take notes in your Workbook.
3. Present one of the works (or another book or TV programme) to the class.

"But I don't want to go among mad people," Alice remarked. "Oh, you can't help that, [...] we're all mad here. I'm mad. You're mad."

Alice in Wonderland

Wonderland is the world discovered by a little girl called Alice when she follows a white rabbit into a rabbit hole. It is a completely mad world with some very strange inhabitants: a grinning cat who can appear and disappear when he wants to, a mad hatter, a baby who turns into a pig... In the real world, adults are supposed to be sensible and children are supposed to respect them, but in Wonderland, it's the opposite: Alice is the only person who seems to be sensible. So, is *Alice in Wonderland* a story for children or for adults?

A

The Reverend Charles Dodgson (1832-1898) was a brilliant mathematician. He also spent a lot of time inventing word games, riddles and children's stories. He published *Alice's adventures in Wonderland* in 1865 under the pseudonym Lewis Carroll.

The Wind in the Willows

In *The Wind in the Willows*, the main characters – Mole, Water Rat, Badger and Toad – are animals who live near a peaceful English riverbank. They behave and talk like humans: they are funny, affectionate, jealous, rebellious, silly; they have picnics, drive cars... In this peaceful world, however, there are thieves and hooligans: the weasels and stoats, who live in the Wild Wood.

B

Kenneth Grahame (1859-1932) was a shy man with a lot of imagination. He was born in Edinburgh, but was brought up at his grandmother's home in England. It was probably there, in her lovely garden, that he began to love the English countryside. He wrote *The Wind in the Willows* in 1908 for his son.

"And you really live by the river? What a jolly life!" "By it and with it and on it and in it," said the Rat. "It's brother and sister to me, and aunts, and company, and food and drink, and (naturally) washing. It's my world..."

“In a hole in the ground there lived a Hobbit...”

The Lord of the Rings

C

Middle Earth is the imaginary country invented by J. R. R. Tolkien in his trilogy *The Lord of the Rings* (1954). It is a world peopled by humans, Hobbits (who are a bit like humans) and other strange creatures. The books tell the story of the Ring of Power which makes its owner rich, but brings him under its control. The ring must be destroyed, but only a pure and innocent person can destroy it. This three-part heroic fantasy was filmed in New Zealand between 2001 and 2003 by Peter Jackson; the third and final film won 11 Oscars!

Tolkien (1892-1973), born in South Africa, lived near Birmingham. At school he began to invent his own languages. He became a professor at Oxford University and taught Anglo-Saxon and English. He loved to tell bedtime stories to his children, and he invented the Hobbits for them.

Star Trek

“Our five-year mission: ‘to boldly go where no man has gone before.’”

The mission of the Starship Enterprise has lasted not for 5 years but for 40! There have been six Star Trek TV series, 10 films, hundreds of books, and dozens of video games. The travels of Captain Kirk, Mr Spock (the Vulcan) and the other crew members of the Enterprise take place in the 23rd century when faster-than-the-speed-of-light travel is possible. Their adventures are more than just fantasies; they address important issues of our own time: war and peace, imperialism, racism, human rights, feminism, and the role of technology.

Gene Roddenberry (1921-1991) was a pilot, then a policeman. He first had the idea for *Star Trek* in 1964. The series became one of the biggest cult phenomena of modern times. When Gene Roddenberry died and was cremated, a capsule of his ashes was sent into space!

D

Words & expressions

- be supposed to = *être censé*
- behave = *se comporter*
- character = *personnage*
- crew = *équipage*
- grin = *faire un grand sourire*
- however = *cependant*
- mad = *fou*
- sensible = *raisonnable*
- spend (spent, spent) *(v.)* = *passer*
- turn into = *se transformer en*
- win, (won, won) *(v.)* = gagner
- you can't help that = *vous ne pouvez pas empêcher cela*

Exercices p. 104

Grammaire

Observe et réfléchis

[WB p. 95]

Exercices p. 105

Checklist

Sais-tu étoffer tes énoncés ?

"the Ring of Power which makes its owner rich"

"when she follows a white rabbit"

les propositions subordonnées [PG p. 28]

Rules are rules

- Entendre parler d'un règlement et en discuter.
- Écrire le texte d'une chanson.

1 Listen and understand

[WB p. 96]

1. Look at the form and discuss the rules. What does the headmaster expect Sean to do? Are the rules strict or reasonable?
2. Listen to Sean and his mother. What is Sean's opinion about these rules? What is his mother's reaction?

Name: SEAN COOGAN, CONNOR DOYLE, PATRICK O'REILLY.
Event date and hours: 16TH MARCH – FROM 6PM TO 11.30 PM.
Nature of event: RED NOSE DAY CONCERT.
Equipment required: 3 mikes, electric cables to plug in our guitars, mikes and amplifiers.

The School Hall is a community space for school-related activities.
As a teaching space, the priorities are assemblies, meetings, talks, drama, music.

Please read these rules carefully:
- No smoking
- Music is permitted, but preferably unplugged or with little amplification.
- No food, no beverages.
- Tidy up and clean the Hall after the event.
- If you find anything damaged, please report this immediately.
- Collect the key during school hours and put the key in the school's letter box when the event is finished.

By signing this form you are agreeing to the School's terms and conditions for the use of the Hall.

Sean Coogan

2 Listen and understand

[WB p. 98]

Listen and find out about the incident at the concert.

3 Speak

It's the day after the concert, Sean goes to see the headmaster to tell him about the incident at the concert. Imagine their conversation and act it out.

Words & expressions

- be in trouble = *avoir des ennuis*
- book *(v.)* = *réserver*
- carry on *(v.)* = *continuer*
- chorus = *refrain*
- damage = *dégâts*
- expect *(v.)* = *s'attendre à*
- grateful = *reconnaissant*
- lend (lent, lent) *(v.)* = *prêter*
- nightmare = *cauchemar*
- power cut = *coupure de courant*
- take care of = *prendre soin de*
- sign [saIn] = *signer*
- unplug *(v.)* = *débrancher*
- verse = *couplet*
- You're kidding! = *Tu plaisantes !*

Exercices p. 104

4 Read and write

[WB p.99]

Follow the step-by-step guide and write new words for a song that you know.

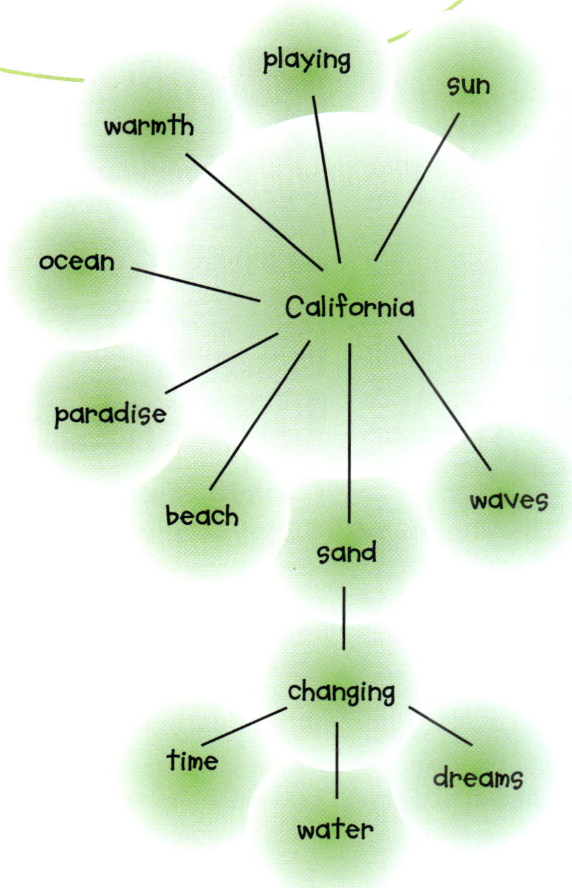

adapted from www.robinfrederick.com/write.html.

HOW TO WRITE SONG WORDS

Even if you are not a musician, you can write song words. Start by writing new words to a song that you know. Here is what to do. This advice is adapted from the website of Robin Frederick, a woman who has written over 500 songs!

1. FIND A TITLE

The title is usually part of the chorus, so hum the chorus and see if you find a new title that fits. The title says it all. It's going to define the message of the song.
So look for a good title. Find five interesting phrases (one to five words each) and write them down. Then draw a big circle around the phrase you like.

2. USE THE TITLE TO WRITE THE WORDS

Imagine you have chosen the title "California Girl". First, ask questions like "Who is she? What is she doing?" Second, make a list of words, phrases or images suggested by the title (see the spider-gram). Then make a list of simple words like "cold, night, dark, sadness" or phrases that are opposites. Now try and fill in the rest of the chorus, then the verses – don't try to make rhymes unless you are writing rap or hip-hop.

Compare English and French [WB p. 100]

Sean **wants to give** a concert	*Sean **veut donner** un concert.*
The headmaster **wants Sean to end** the concert early.	*Le directeur **veut que Sean termine** le concert de bonne heure.*
He **wants me to sign** a form.	*Il **veut que je signe** un formulaire.*

Grammaire
Observe et réfléchis
[WB p. 97, 99]
Exercices p. 105

Checklist

Sais-tu faire pression sur quelqu'un ? *"I want him to lend us the school hall."*
les propositions infinitives [PG p. 27]
Sais-tu parler d'obligation et de capacité au passé ?
"We had to clean the floor" "I couldn't come to the concert"
have to [PG p. 13] *can* [PG p. 12]

S'informer sur les premiers jeux vidéos.
Faire la critique d'un jeu vidéo.

Video games and imagination

> **Games aren't just fantasy worlds to explore; they actually amplify our powers of imagination.**
>
> Will Wright, creator of the *SimCity*, 1989.

60's

Spacewar was one of the first computer games. It was for two players and was developed at the MIT (Massachusetts Institute of Technology) in 1960 on a huge computer with a screen like a radar screen. Each player controlled a spaceship and had to shoot at the other ship and avoid colliding with a star.

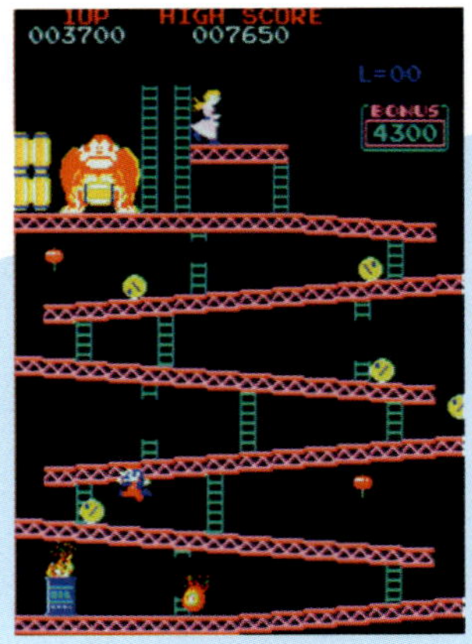

70's

Pong. Based on table tennis, Pong was first created as an arcade game in 1972 by Atari, and in 1975 a home version was developed.

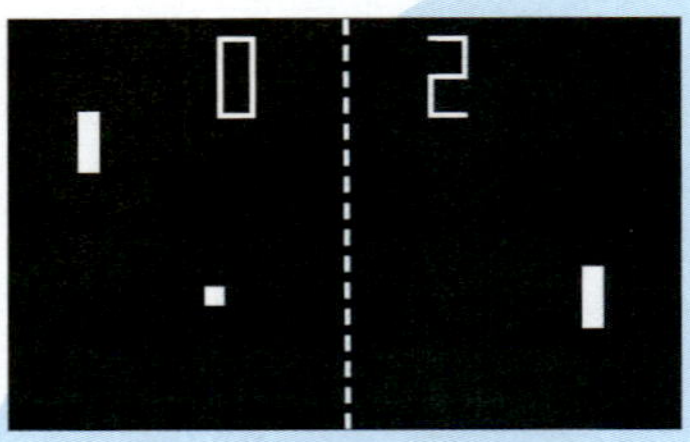

As it became more and more popular, the number of arcade games grew to include titles like *World Cup Football* and *Grand Track 10* where players could imagine they were playing football or driving racing cars.

Battlezone was the first 3-D game ever created and it provided a first-person perspective. The game put the player in the seat of a tank. It was so true-to-life that the US army asked Atari to adapt it and used it to train their soldiers.

Donkey Kong was created in 1981 by Miyamoto for Nintendo. The storyline is inspired by fairy tales. However, it was innovative at the time in the world of video games. Mario has to save a damsel in distress from a giant ape called Donkey Kong. The player takes the role of Mario and has to climb ramps and ladders to save his girlfriend. He also has to avoid enemies or destroy them.

80's

Zork. In the early 80s, there were a lot of text-based games like Zork by Infocom. However, games like this one disappeared in the late 80s when faster processors and more RAM made it possible to have excellent graphics and sound.

Flight Simulator. Since the beginnings of video games, many games – like Microsoft's Flight Simulator – have given players the chance to do things they will probably never do in real life – fly a plane, drive a sports car at an illegally high speed, be a soldier in combat, kill a dragon, fight off aliens or travel through space.

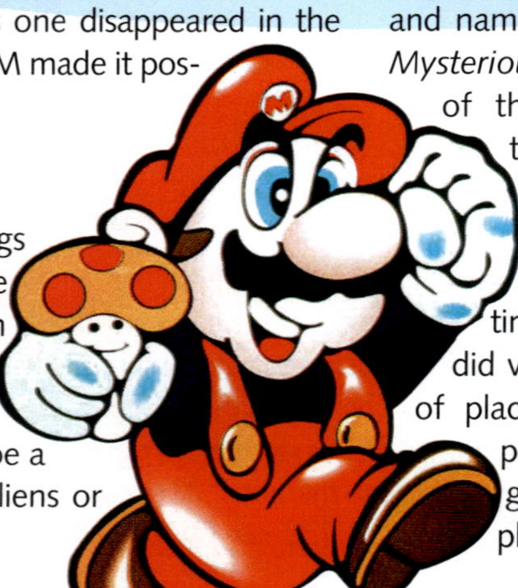

90's

Myst was released in 1993 by Cyan and named after Jules Verne's novel *Mysterious Island*. In the first version of the game, the player was transported to a desert island and had to discover its secrets by solving puzzles and problems, and getting out of mazes. What Myst did very well was create a sense of place. It was so realistic that people said it was more like going on vacation than playing a game.

Creative vision is not one element of game design. It's the essence of game design.

Shigeru Miyamoto, creator of *Donkey Kong*, the *Legend of Zelda* series, the *Mario* series, at the Game Developers Conference in San Francisco in March 2007.

Project work [WB p. 101]

Present a video game

1. Look at the photos. What do you know about these video games?

2. What types of video games do you know? Explain these names, then check your answers
• *a shooter* • *an adventure game* • *a platform game* • *a role-play game* • *a simulation*.

3. Read the paragraphs and fill in the grid in your Workbook.

4. Groupwork. Choose one or two games presented on these pages and answer the following questions. Then share your answers with the other groups.
- What do you think was new about the game when it was created?
- How is the player's imagination at work in the game?

5. Group work. Choose a video game (from these pages, or another game that you know and like) and present it to the class and to your teacher.

Vocabulaire

LESSON 1

1. Souviens-toi des paroles des chansons des Beatles. Traduis les verbes suivants. ★★

a. rêver **b.** espérer
c. partager **d.** croire

2. Relis la chanson *Imagine*. Trouve le contraire de *generosity*. ★★

3. Remets les lettres dans le bon ordre, puis traduis ces mots. Ils ont trait à la musique. ★

a. srylic
b. ocerdr
c. dreiogcnr
d. neut
e. kowr

LESSON 2

1. Complète à l'aide des mots suivants. ★★★

• fundraising • wear • charity • charges • dress up

Comic Relief is a .... Red Nose Day is their main way of .... On Red Nose Day, some schools say that pupils don't have to ...... a uniform as usual, but if they want to come to school in ordinary clothes, the school ...... them £1. The children don't always come in ordinary clothes: they often ...... in silly clothes! All the money is used to help reduce poverty in the UK, Africa and other parts of the world.

2. Complète les définitions suivantes. ★★

a. Before a show, performers have to r ...... (7 letters)
b. Every year, Giorgio Armani holds some wonderful f...... s...... (6 + 4 letters)
c. When you j ...... (5 letters) you have to keep two or more balls in the air at the same time by throwing and catching them.

3. Trouve le contraire. ★★

a. be discreet ≠ ......
b. really good ≠ ......
c. disagree ≠ ......

LESSON 4

1. Dans *The Wind in the Willows*, les personnages principaux sont des animaux. Peux-tu en citer quatre puis donner la traduction pour chacun ? ★

2. Trouve un synonyme pour ces mots. ★★

a. crazy = ...
b. give a big smile = ...
c. reasonable = ...
d. conduct oneself = ...

3. Complète les phrases à l'aide des verbes suivants. N'oublie pas de conjuguer les verbes ! ★★

• win • spend • turn into

a. Alice met a baby who ...... a pig.
b. The third and final part of the film *The Lord of the Rings* .... eleven Oscars.
c. The Rev. C. Dodgson, alias L. Carroll, ... a lot of time inventing children's stories.

LESSON 5

1. Trouve sur le formulaire de Sean (page 100), trois choses qui nécessitent de l'électricité. ★

2. Trouve le contraire des verbes et des adjectifs suivants. Quel est leur point commun ? ★★

a. plug in **e.** interesting
b. pack **f.** happy
c. dress **g.** necessary
d. tidy

3. Souviens-toi du concert de Sean et ses amis. Complète ce resumé. ★★★

The concert was a n...... because there was a p...... c...... . The musicians had to c...... o...... , but the audience couldn't hear them properly.

4. Retrouve la traduction des expressions suivantes en mettant les mots proposés dans l'ordre. Attention : certains mots sont en trop ! ★★

a. Il a des ennuis.
trouble / has / in / on / at / is / he
b. Ils ont pris soin de la salle.
take / in / took / caring / care / they / of / he / the / hall
c. Tu plaisantes !
kid / are / in / is / kidding / you

5. Complète les phrases suivantes. ★★

a. The ...... are the words of a song.
b. The ...... is repeated several times in a song.
c. That song has got ten ...... but I only know the first one.

Grammaire

LESSON 1

Sais-tu parler du métier que tu aimerais faire ?

1. Fais 3 phrases à partir des informations données pour dire ce que Sophie, Jonathan et James aimeraient faire plus tard et explique pourquoi. ★★

a. Sophie • doctor • help people
b. Jonathan • astronaut • fly in space
c. James • film director • tell stories

Sais-tu dire que c'est le meilleur, le premier, le plus …… ?

2. Mets l'adjectif au superlatif dans les phrases suivantes. ★★

a. Tim Burton is one of the …… (famous) film directors in the world.
b. The Beatles were one of the …… (popular) bands in the 1960s.
c. *Imagine* is one of their …… (well-known) songs.
d. The last Harry Potter book is the …… (scary) one of them all!
e. It's the …… (bad) film I've ever seen!

LESSON 2

Sais-tu dire ce que tu pouvais ou ne pouvais pas faire ?

1. Voici une conversation entre Chris et Olivia qui sont à un concert. Imagine que cette conversation a lieu *après* le concert. Mets-la au passé. ★★

Chris: The sound's amazing!
Olivia: Yes, we can hear the singers really well, can't we?
Chris: Yes, it's just a shame we can't see them very well.
Olivia: It doesn't matter. We can see them on the big screens!

Sais-tu parler de ce qui est obligatoire et de ce qui est interdit ? ★★

2. Imagine que tu es le principal d'un collège. À partir de la liste ci-dessous, fais cinq phrases pour dire aux élèves ce qu'ils doivent/ne doivent pas faire.

a. be polite
b. smoke
c. be on time everyday
d. wear correct school uniform
e. use mobile phones at school

Sais-tu parler de ce qui n'est pas obligatoire ?

3. Souviens-toi de *Red Nose Day*. Imagine que cette journée exceptionnelle aura lieu demain. Annonce aux élèves ce qui n'est pas obligatoire ce jour-là. Utilise la liste suivante pour t'aider. ★★

• wear school uniform • bring your school books
• work in lesson time

LESSON 4

Sais-tu étoffer tes énoncés ?

1. Complète à l'aide de *who* ou de *which*. ★★

a. What's the name of the author …… wrote *Harry Potter*?
b. Platform 9 is the platform …… Harry and the other wizards use to go to *Hogwarts*.
c. I have a friend …… loves science fiction.
d. *Star Trek* is a series …… continues to interest viewers more than 40 years after its creation.
e. Alice is a little girl …… goes on an incredible adventure in Wonderland.

Sais-tu faire des phrases au passif ?

2. Remets les mots dans le bon ordre. ★★★

a. Lewis / written / Wonderland / in / was / Alice / Carroll / by
b. by / designed / Guggenheim / was / Museum / Gehry / Frank / the
c. Power / person / the / of / be / destroyed / Ring / an / must / innocent / by
d. film / made / the / a / was / into / book

LESSON 5

Sais-tu choisir un pronom personnel complément ?

1. Remplace les mots en caractères gras par le pronom personnel objet qui convient. ★★

a. Sean knows **Patrick.**
b. Connor gets on well with **Sean and Patrick**.
c. Sean asks **his mum** if he can go to the cinema with his friends.

Sais-tu faire pression sur quelqu'un ?

2. Ré-écris les ordres du professeur en suivant ce modèle: *"Patrick! Answer the question!" = The teacher wants him to answer the question.* ★★★

a. "Sean! Listen!"
b. "Sean and Connor! Stop talking!"
c. "Catherine! Turn around!"
d. "Patrick! Look at the blackboard!"

Sais-tu parler d'obligation au passé ?

3. À partir de ces informations suivantes, fais cinq phrases pour dire ce que Patrick a dû ☑ /n'a pas dû ☒ faire hier. ★★

a. do his homework ☑
b. practise the piano ☒
c. tidy his room ☑
d. set the table ☑

Sais-tu parler de capacité au passé ?

4. Complète la phrase avec deux choses que tu ne savais pas faire quand tu étais petit(e). ★★★

When I was little, I ……

Dans ce chapitre, tu vas

Tu vas utiliser *will/won't* · *will be able to, will have to* · les pronoms relatifs

CHAPTER 7

Our world in the future

Life in 2020

- Écouter parler des voitures et des maisons de demain.
- Imaginer les vêtements et l'école de l'avenir.

1 Speak and listen

[WB p. 103]

1. Look at the pictures. Say what you think our cars will be like in 2020.
2. Listen and take notes.

Ryan, a student in Industrial Design at the Cleveland Institute of Art, talks about cars of the future.

Top: prototype electric car. Bottom: solar-powered car.

2 Speak and listen

[WB p. 103]

1. Look at the pictures. Say what you think our houses will be like in 2020.
2. Listen and take notes.

Tara, a student in interior design at the Cleveland Institute of Art, imagines the house of the future.

Words & expressions

- avoid *(v.)* = *éviter*
- be around *(v.)* = *exister*
- congestion = *encombrement*
- enough = *assez*
- fabric = *tissu*
- free from = *sans*
- parking lot = *parking*
- safety = *sécurité*
- traffic = *circulation*
- traffic jam = *embouteillage*
- look your best *(v.)* = *être en beauté/ à ton avantage*

Exercices p. 120

3 Read and speak

[WB p. 104]

1. Read the article and look at the illustrations. What do you think fashion will be like in 2020?

2. Will you or your girlfriend wear the kind of clothes illustrated here? If not… what?

The Star Trek jumpsuits – a unisex solution?

Frison – a body suit that reacts by lighting a constellation of tiny bulbs.

Are we going to wear Star Trek-inspired jumpsuits for men and women? I refuse to believe it.

Philips Design announced earlier today that it has developed a series of dynamic clothes. They show how electronics can be incorporated in fabrics and clothes to express the emotions and personality of the person who wears them.

The Bubelle is a dress surrounded by a delicate bubble with lights that change colour on skin-contact.

4 Speak

[WB p. 104]

Imagine the school of the future and have a debate.

I believe we'll learn from home on the Internet…

I disagree…

I don't think school will change much…

The sound of English [WB p. 104]

• Lorsqu'un mot se termine par *–tion*, l'accent tombe sur la voyelle qui précède ce groupe de lettres :

*di**rec**tion*

Cela entraîne souvent, mais pas toujours, un déplacement d'accent entre le verbe et le nom :

***ima**gine, imagi**na**tion*

• Attention à bien accentuer les mots de plus de deux syllabes. *Development* est accentué sur ***-ve*** comme le verbe *de**ve**lop*. De même *tech**no**logy*, ***bat**tery*, *possi**bi**lity*, ***tem**perature* [ˌtempʀətʃə], ***op**timum*, et *i**den**tify* sont accentués sur la troisième syllabe avant la fin du mot.

Grammaire

Observe et réfléchis [WB p. 105]

Exercices p. 121

Checklist

• **Sais- tu prédire le futur ?** *"In 2020, I think electric cars will go much faster"*

➡ *will* [PG p. 12]

"Cars will be able to communicate with each other"

➡ *will be able to* [PG p. 11]

Choosing a career

➔ Écouter une conversation avec le conseiller d'orientation.
➔ Réfléchir au choix de sa carrière.

1 Listen and understand

[WB p. 105]

1. Listen to Sharon and Kimberley. What is Sharon doing? What is Kimberley's reaction?
2. Listen to their comments about the TV program *America's Next Top Model*.

Careers form
Please fill in your form and hand it in before your appointment with your career advisor.

Name : Sharon Kelly

On my last report card I got my best grade in ....

On my last report card I got my worst grade in ....

What are your top three interest areas?
1. ....
2. ....
3. ....

Career ambitions
....
....

2 Speak

[WB p. 106]

Work in pairs. Choose one of the three competitions and, using the girls' conversation as an example, talk about the possible winners.

Oscar for the Best Actor

Sportsperson of the Year

Grammy Award for the Best Singer

3 Listen and understand

[WB p. 107]

1. Listen to Sharon and the careers advisor and find out what Sharon wrote on her careers form.
2. Listen and find out about the advantages and drawbacks of the job she'd like.

4 Speak

[WB p. 108]

1. Write down 3 or 4 advantages and 3 or 4 drawbacks for each job.
• teacher • doctor • baker • top model
2. Pairwork. A is the careers advisor. B is a pupil.

I'd like to be a ...
I like ... and I'm good at ... .
I'll be able to ...
Why ... ?
Yes, but you won't be able to ... and you'll have to ...

You could change their future

Do you think they all have the same opportunities?
They may look very similar now but what about when they leave school?
Their future could depend on the help that you can give them now.

Power Software can help you do this. With our new home education packs, your children will be able to learn more and to learn more quickly – and they will have fun at the same time!

Power Software packs are available for all ages and in most school subjects – history, geography, math, physics, chemistry – and are priced at £40. That's not much to pay for your child's future, is it?

With **Power Software**, you could change their future.

Power Software **You could change their future**

5 Read and speak

[WB p. 108]

1. Look at the advertisement and describe it.
2. Read the "message" and analyse it.

Words & expressions

- advantage [əd'vɑːntədʒ] = *avantage*
- drawback = *inconvénient*
- confidence = *confiance en soi*
- report card = *bulletin scolaire*
- extra coaching = *cours supplémentaires*
- careers advisor = *conseiller d'orientation*
- reckon = *penser, estimer*
- judge = *juge, arbitre*
- fill in a form = *compléter, remplir un formulaire*
- think (thought, thought) (v.) = *penser, réfléchir*

Exercices p. 120

Grammaire

Observe et réfléchis

[WB p. 106, 107]
Exercices p. 121

Checklist

Sais-tu parler de ce qui est probable? *"She might be the winner" "she may win" "it must be hard"*
→ les auxiliaires de modalité [PG p. 13-14]

Sais-tu parler de ce que tu pourras/devras faire dans l'avenir ? *"I'll be able to travel" "you'll have to work harder"*
→ l'expression du futur [PG p. 11]

Lire un extrait de *The Time Machine*

The Time Traveller

1 Read and understand

[WB p. 109]

Was the Time Traveller's tale a lie? I could not come to a conclusion. I lay awake most of the night thinking about it. The next day I went to see the Time Traveller again. I was told he was in the laboratory, so I went up to him.

The laboratory, however, was empty, except for the Time Machine. I stared for a minute at it, then touched it. It swayed like a branch shaken by the wind.

I came back through the corridor to the smoking room where the Time Traveller found me. He had a small camera under one arm and a knapsack under the other. He laughed when he saw me, and gave me an elbow to shake. "I'm frightfully busy," he said, "with that thing in there."

"You mean it isn't a hoax?" I said. "Do you really travel through time?"

"Really and truly I do." And he looked frankly into my eyes. He hesitated. His eyes wandered about the room. "I only need half an hour," he said. "I know why you came," he said. "You want proof. Well, I only need half an hour. If you agree, I'll bring you specimens and photographs that will prove my story. Will you wait?"

I consented and he nodded and went down the corridor. I heard the door of the laboratory slam, seated myself in a chair, and took up a daily paper. What was he going to do in half an hour? Then suddenly I remembered that I had promised to meet my publisher at two. I looked at my watch, got up and went down the passage to tell the Time Traveller.

As I took hold of the handle of the door I heard an exclamation, and a click and a thud. I heard the sound of broken glass falling on the floor. A gust of air whirled round me as I opened the door. The Time Traveller was not there. I seemed to see a ghostly, indistinct figure sitting in a whirling mass of black and brass for a moment – but this vision vanished as I rubbed my eyes. The laboratory was empty. The Time Machine had gone.

I knew that something strange had happened, and for the moment could not distinguish what the strange thing might be. As I stood staring, the door into the garden opened, and the manservant appeared. We looked at each other. Then ideas began to come. "Has Mr. —— gone out that way?" I said.

"No, sir. No one has come out this way. I was expecting to find him here."

Then I understood. So I stayed, waiting for the Time Traveller; waiting for the specimens and photographs he would bring with him. But I am beginning now to fear that I must wait a lifetime. The Time Traveller vanished three years ago. And, as everybody knows now, he has never returned.

Adapted from *The Time Machine*, by H. G. Wells

Help

- awake = *éveillé*
- break (broke, broken) *(v.)* = *casser*
- elbow = *coude*
- fear (v.) = *craindre*
- frightfully = *terriblement*
- gust = *rafale*
- handle = *poignée*
- hoax = *canular*
- lie = *mensonge*
- rub (v.) = *frotter*
- shake (shook, shaken) *(v.)* = *secouer; serrer* (shake hands)
- sway (v.) = *se balancer*
- thud = *bruit sourd*
- wander (v.) = *errer*
- whirl (v.) = *tourbillonner*
- tale = *récit*

The space adventure

- Découvrir les débuts de la conquête de l'espace.
- Visiter le Kennedy Space Center.

The Themis satellite was launched into orbit by a Delta II Rocket on February 17, 2007. Themis will give scientists important information about the Northern Lights.

radio good news
Today's documentary: **The Themis satellite.**

1 Listen and understand

[WB p.110]

Find out about the launch of the Themis satellite.

2 Read and speak

[WB p.110]

1. Read about space exploration in the 1960s.
2. Read about the Kennedy Space Center and imagine you are going to visit it. Decide what you would like to see.
3. Do you think we should go on exploring space?

“ *Together let us explore the stars, conquer the deserts, eradicate disease, tap the ocean depths, and encourage the arts and commerce.* ”
President Kennedy, Inaugural Address, Jan 20, 1961.

“ *That's one small step for [a] man; one giant leap for mankind.* ”
Neil Armstrong, July 20, 1969.

The 1960s: from Kennedy's dream to Armstrong's walk

July 29, 1958
The National Aeronautics and Space Administration (NASA) was established. Its mission was to do research into space flight and aeronautics.

October 7, 1958
The first American human space flight program – Project Mercury – was initiated.

January 20, 1961
President Kennedy set the goal of space exploration in his Inaugural Address.

May, 1961
Alan Shepard became the first American to make a space flight, a month after the Russian Yuri Gagarin, who was the first man in space. The rocket that carried Shepard was launched from Cape Canaveral.

May 25, 1961
President Kennedy spoke of his plan to put a man on the Moon before the end of the 1960s. With this objective, NASA launched the Apollo program.

Jan 27, 1967
The three-man crew for the first manned Apollo space flight died in an accident. Manned flights were delayed for 18 months and safety changes were made.

July 20, 1969
The Lunar Module of Apollo 11 touched down in the Moon's "Sea of Tranquillity". Commander Neil Armstrong became the first man to set foot on the moon that evening, followed by Buzz Aldrin. They returned to Earth on July 24.

Visit the Kennedy Space Center!

The Kennedy Space Center, located at Cape Canaveral on Florida's east coast, is America's spaceport. It was the starting point for Man's first journey to the Moon and has seen the launch of hundreds of scientific and commercial spacecraft. It is also where NASA prepares and launches the Space Shuttles.

Astronaut Hall of Fame

In the Astronaut Adventure room, blast off into an interactive experience that gives you a true taste of space. Feel the pressure of four times the force of gravity. Feel what it's like to walk on the moon. Drive across the rocky Martian terrain, then carefully guide the Space Shuttle to a smooth landing.

The Visitor Complex

Open every day of the year, except December 25 and certain launch days, from 9am to 6pm.

- Experience what astronauts feel when a rocket lifts off. Fasten your seat belt in the simulator and get ready for the countdown!
- See the world's largest collection of missiles.
- Learn how astronauts live when they're in orbit in space.
- Meet a real astronaut and have lunch with him.
- Visit several different launch pads.
- See the three-mile landing strip where the shuttles land.
- See the Saturn V rocket that took men to the moon.

For more things to do, go to www.kennedyspacecenter.com/visitKSC/mapVC.asp

In the Rocket Garden, located in the Visitor Complex, you can travel back in time and see the most famous rockets from history.

Words & expressions

- blast-off = *mise à feu*
- countdown = *compte à rebours*
- landing strip = *terrain d'atterrissage*
- latest (the) = *le plus récent*
- launch pad = *plateforme de lancement*
- leap = *bond*
- lift off (*v.*) = *décoller*
- manned flight = *vol habité*
- rocket = *fusée*
- set (set, set) a goal (*v.*)= *fixer un but*
- shuttle = *navette*
- spacecraft = *vaisseau spatial*
- step = *pas*

Exercices p. 120

Grammaire

Observe et réfléchis

[WB p. 111]
Exercices p. 121

Checklist

Sais-tu étoffer tes énoncés? *Yuri Gagarin, who was the first man in space" "the rocket that carried Shepard" "the landing strip where..." "experience what astronauts feel when..."*
les propositions subordonnées relatives [PG p. 28]
Sais-tu utiliser le génitif? *"Kennedy's dream" "Man's first journey to the moon" "America's spaceport*
le génitif [PG p. 18]

What next, I wonder?

- Suivre un épisode d'une série télévisée.
- Écrire un script.

1 Listen and understand

[WB p. 112]

1. Look at the scene from a TV show.
What sort of programme is it?
Can you imagine what has happened?
2. Listen to the episode.
What really happened?
What will they do next?

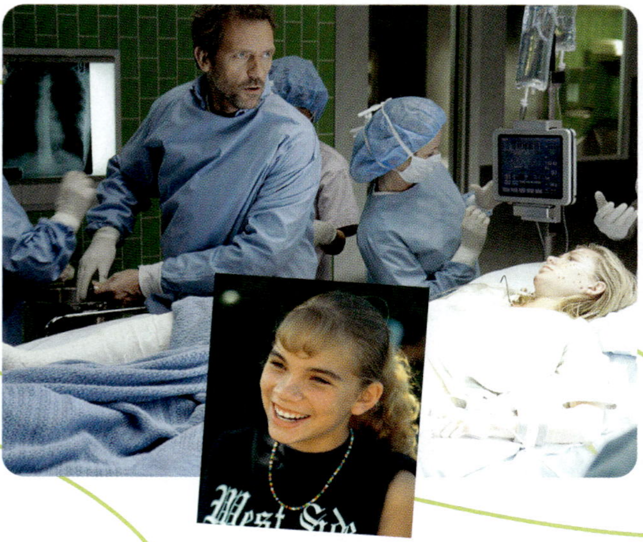

2 Listen and understand

[WB p. 114]

Listen and find out about Sharon and Kimberley's impressions and questions.

3 Speak

The next day, Sharon and Kimberley talk about the episode to a friend. Act out their conversation.

Words & expressions

- awestruck = *stupéfait*
- escape *(v.)* = *échapper à*
- explode *(v.)* = *exploser*
- He didn't make it. = *Il ne s'en est pas sorti.*
- hang (hung, hung) = *suspendre*
- hope *(v.)* = *espérer*
- kill *(v.)* = *tuer*
- miss *(v.)* = *manquer*
- move *(v.)* = *(se) déplacer*
- safe = *en sécurité*
- try *(v.)* = *essayer*

Exercices p. 120

4 Read and write

[WB p. 115]

1. Study the filmscript.
2. Write your own scene from a filmscript.

It is 1959. Knox Overstreet attends the prestigious Welton Academy. Dr Hager takes him to the Danburrys who have invited him for dinner. Knox doesn't know them but they are friends of his father's. He thinks they're probably in their nineties…

EXT. ROAD – NIGHT

The car leaves Welton and drives towards the Danburry's house.

INT/EXT DANBURRY'S HOUSE – NIGHT

The doorbell rings.

MRS DANBURRY (O.S.) Chet, can you get that?
CHET (O.S.) I can't, Mom.
CHRIS (O.S.) I'll get it.

The door opens and Knox is awestruck by the beautiful girl (CHRIS) who has answered the door.

CHRIS Can I help you?

Knox manages to break out of his daze.

KNOX Hi. Knox Overstreet. Uh, Dr. Hager.
CHRIS Hi.
KNOX This is the Danburry's, right?
CHRIS Are you here to see Chet?
KNOX Mrs Danburry?

Chris begins to laugh as Mrs. Danburry arrives behind her.

CHRIS No.
MRS DANBURRY Sorry. Thank you, Chris. I'm Mrs. Danburry. You must be Knox.
KNOX Yes.
MRS DANBURRY […] (to Knox) Please come in.
CHET (O.S.) Chris, come on, what are you doing?
CHRIS Chet, I'm coming.

Knox enters the house, his mind still hung up on Chris as MR DANBURRY comes out of the living room to meet him.

MR DANBURRY Knox. How are you? Joe Danburry.
KNOX Nice to meet you sir.
MR DANBURRY Well he's the spitting image of his father, isn't he. How is ??????…????? he? Come on in.

From the film *Dead Poets Society*, 1989, directed by Peter Weir.

Compare English and French [WB p. 117]

What next, I wonder.	*Que va-t-il se passer ensuite, je me le demande.*
I wonder what will happen next.	*Je me demande ce qui se passera ensuite.*
What are her chances?	*Quelles sont ses chances de s'en sortir ?*
Remember what happened to Frank.	*Rappelle-toi ce qui est arrivé à Frank.*
He has no idea what to do.	*Il n'a aucune idée de ce qu'il doit faire.*

Grammaire
Observe et réfléchis
[WB p. 113, 114]
Exercices p. 121

Checklist

Sais-tu parler du futur ? *"I'll be OK, I hope." "No I won't be safe" "Your daughter's not going anywhere"* → l'expression du futur [PG p. 11]
Sais-tu exprimer tes interrogations ? *"I wonder if/why…" "I'm not sure if/why…" "I wonder what/who…"* → les questions indirectes [PG p. 28]
Sais-tu dire que tu ne te souviens pas ? *"I can't remember who/what…"* → les questions indirectes [PG p. 28]

- Lire quelques prédictions sur les xxe et xxie siècles.
- Faire des prédictions pour la fin du xxie siècle.

Predicting the future

On this page are some predictions from 1900 (*The Ladies Home Journal)* and two pictures from the same period.
On the next page, some twentieth century predictions...

Photographs will be telegraphed from any distance. (...) Photographs will reproduce all of nature's colors.

There will be no C, X or Q in our everyday alphabet. They will be abandoned because unnecessary. Spelling by sound will have been adopted (...) English will be more extensively spoken than any other language.

1900

The school of the future?

Winter will be turned into summer and night into day by the farmer. (...) He will grow large gardens under glass.

Strawberries as large as apples will be eaten by our great-great-grandchildren for their Christmas dinners. (...) Cherries, grapes, plums, apples, pears, peaches and all berries will be seedless.

Man will see around the world. Persons and things of all kinds will be brought within focus of cameras connected electrically with screens at opposite ends of circuits, thousands of miles at a span.

There will be no street cars in our large cities. All traffic will be below or high above ground (...) Cities, therefore, will be free from all noises.

Ready-cooked meals will be bought from establishments similar to our bakeries of today. (...) Food will be served hot or cold to private houses in pneumatic tubes or automobile wagons.

Transport of the future?

1931

In his 1931 novel, Aldous Huxley imagines a future world where children are conceived genetically in bottles. They learn by repetition teaching during their sleep. When adults have negative emotions, they take pills called "Soma" to keep them happy. A biochemical process keeps them young and they all die suddenly at the age of 60. In this world there are no conflicts but there is no freedom either.

1949

Big Brother is watching you

Published in 1949, Orwell's novel portrays an imaginary society in the near future – in 1984. The country is ruled by the leader of the Party known as Big Brother. The Party controls everything, even the people's history and language. All the words expressing ideas and thoughts are forbidden, so a new language called "Newspeak" is created. The Party also watches the population constantly through telescreens, and warns them against doing anything wrong, using the now famous phrase: "Big Brother is watching you".

1950

In the 1950s, a lot of people began to be concerned about our industrial society and the way we transport people and goods.

1964

"By 2000 our phones will be replaced by Picturephones. Then you'll be able to see the person you are talking to."
AT&T Picturephone advertisement, 1964.

Project work [WB p. 117]

Make predictions

1. Look at the illustrations, captions and predictions and classify them: food, transport, communication, language…
2. Which predictions have come true?
3. Group work. Make predictions about the next hundred years. What may happen?

Vocabulaire

LESSON 1

1. Classe ces mots en trois catégories, selon leur champ lexical. Utilise un des mots de la liste comme titre de chaque catégorie, puis complète chaque liste avec les mots que tu connais. ★★

• dress • suit • room • clothes • car • house • fashion • traffic • congestion • home • drive • wear • trendy • parking lot • accident • kitchen • wall

2. Retrouve les contraires. ★★

a. slow **b.** dangerous **c.** worst
d. tiny **e.** late

3. Complete les phrases en utilisant les mots suivants. ★★

• traffic congestion • safety • avoid • parking lots

a. Nowadays many cities have built ...... outside the city centres.
b. People are encouraged to use public transport to reduce ......
c. Don't forget to fasten your ...... belt!
d. Because he was driving too fast he could not ...... the pedestrian.

LESSON 2

1. Trouve dix noms de métiers. Combien de temps as-tu mis ? ★★

2. Trouve les contraires. ★★

a. lose **b.** a drawback
c. the best grade **d.** first

3. Chasse l'intrus, puis trouve un titre pour chaque liste. ★★

a. report card, grade, subject, teacher, confidence.
b. advertisement, win, first, semi-finals, candidate.
c. trip, sightseeing, airline, appointment, jetlag.

LESSON 4

1. Trouve la traduction des mots suivants. Ils contiennent tous le mot *man*. ★★

a. l'humanité **b.** humain
c. un vol habité **d.** une femme

2. Associe les verbes et les noms. ★★

Verbs: launch, set.

Nouns: a rocket, a goal, foot, a program.

3. Traduis. ★★★

a. Mon vol a été retardé de 2 heures.
b. Préparez-vous pour le compte à rebours !
c. La fusée Apollo 11 a été lancée de Cap Canaveral le 16 juillet 1969.
d. Le programme de vol spatial Apollo fut une aventure passionnante.

LESSON 5

1. Trouve au moins cinq mots appartenant au champ lexical du roman policier. ★★

2. Traduis les phrases suivantes. ★★

a. Que s'est-il passé ?
b. La voiture a explosé et le chauffeur ne s'en est pas sorti.
c. Ils ont essayé de tuer Joe, mais ils l'ont manqué.
d. J'espère que Joe est en sécurité maintenant.
e. Je me demande s'il ira bien.

Grammaire

LESSON 1

Sais-tu prédire le futur ?

1. Rédige un horoscope avec ces éléments. ★★

a. You / be / rich / famous.
b. You / live / in a big house.
c. Your life / be / full of adventure.
d. You / travel / all over the world.
e. There / be / lots of opportunities.

2. Écris ce qu'il sera possible de faire. ★★

a. With the new electric cars / you / drive for longer distances.
b. When you are 18 / you / vote.
c. When they have enough money / they / buy a bigger house.
d. If you go to the Cleveland Institute of Art / you / study industrial design.

LESSON 2

Sais-tu parler de ce qui est probable ?

1. Associe chaque phrase à son taux de probabilité. ★★

a. She is late.	1. 25 %
b. She might be late.	2. 100 %.
c. She may be late.	3. 90 %.
d. She must be late.	4. 50 %

2. Complète avec l'auxiliaire modal qui convient: *might*, *may* ou *must*. ★★

a. Don't forget your umbrella! It ...... rain.
b. You have worked a lot today! You ...... feel very tired!
c. Believe in your dreams ! They ...... come true.
d. We don't know how the audience ...... react.
e. You should enter the competition. You ...... win. You never know.

Sais-tu parler de ce que tu pourras/devras faire dans l'avenir ?

3. Réécris ces phrases au futur. ★★

a. I'm not a vet; I'm a doctor.
b. I can help people.
c. I must study for a long time.
d. It is hard but I can do it.

LESSON 4

Sais-tu étoffer tes énoncés ?

1. Complète avec le pronom qui convient. ★★

• who • where • when • that • what

a. I remember the day ...... the first man walked on the moon.
b. I watched the event on TV with my grandmother ...... just couldn't believe it.
c. In the village ...... she lived, not many people had a TV set.
d. So many friends and neighbours were sitting in her lounge to watch ...... was happening.
e. It was an awesome event ...... I will never forget.

Sais-tu utiliser le génitif ?

2. Traduis . ★★

a. Cape Canaveral est sur la côte est des États-Unis.
b. Le plus long fleuve au monde est le Mississippi.
c. Le documentaire concerne la vie de Kennedy.
d. Le premier vol de l'Homme a eu lieu dans un ballon à air chaud.

Sais-tu dire le premier, le plus... ?

3. Complète les phrases suivantes en mettant l'adjectif entre parenthèses au superlatif. ★★

a. At Kennedy Center you can see ...... (early) rockets and ...... (late) space shuttles.
b. The Guggenheim Museum has ...... (great) collection of modern art in the world.
c. She is ...... (good) actress I have ever seen.
d. It's ...... (bad) day in my life.

LESSON 5

Sais-tu parler du futur ?

1. Réécris ces phrases à la forme négative. ★★

a. He'll help me and I'll be able to do it.
b. Will you come with me tomorrow?
c. Stay here! You'll be safe. I'll be able to look after you.
d. Man will be able to live on the moon.

Sais-tu exprimer tes interrogations ?
Sais-tu dire que tu ne te souviens pas ?

3. Reformule les phrases suivantes en questions indirectes, comme dans l'exemple. ★★★

Will Veronica be OK? I wonder.
I wonder if Veronica will be OK.

a. Will Naomi win the competition? I wonder.
b. Where does he live? I don't remember.
c. What can we do? I have no idea.
d. Why did he say that? I wonder.
e. How does it work? I don't remember.

Chapter 1, Lesson 2

1 Listen and understand.

Sean: Excuse me, are you in Jimmy's group?
Tim: Yes, I am. My name's Tim.
Sean: Hi, Tim, I'm Sean.
Tim: You're not American, are you ?
Sean: No, I'm not. I'm Irish; I'm from Dublin. Where do you come from?
Tim: I come from Kansas City.
Sean: Is it your first time here?
Tim: No, I was here last year. It was great, especially all the activities. Believe me, it's a fantastic place if you like sports!
Sean: Sounds like it's just my kind of place then! I love sport!

3 Listen and understand.

Janet: Oh, where is it? I can't find it. Maybe I've lost it!
Sean: You OK?
Janet: What? Oh, yeah, but I can't find the brochure.
Tim: Brochure?
Janet: Yes, the brochure they gave us. Oh, where is it?
Tim: Do you need it right now?
Janet: Well, yes. It says where the dormitories are for each group.
Sean: Do you remember your group leader's name?
Janet: Yes, erm, John something? Oh no, I've forgotten!
Sean Don't panic! Was it Jimmy? Does that ring a bell?
Janet: Yes, that's it!
Tim: Well, we're in Jimmy's group too. Our dorms are over there.
Janet: Oh, great. Thanks.
Tim: What's your name by the way?
Janet: Janet. Janet McDonagan.
Sean: Oh, that sounds Irish – or Scottish!
Janet: Yes, I'm Scottish. I'm from Edinburgh.

Chapter 1, Lesson 5.

1 Listen and understand (1)

Jimmy: Well, here are the dormitories: there are two or three beds to a room. Girls take numbers 6 to 10 and boys numbers 1 to 5. Choose your room, your bed and unpack your bags. There are cupboards to put your things in. See you in twenty minutes outside! OK?
All: OK.

1 Listen and understand (2)

Steve: Hello. Erm… can I take that bed?
Tim: Sure! I'm Tim and this is Sean.
Steve: My name's Steve.
Sean: Nice to meet you, Steve. Where are you from?
Steve: From London. Erm… are we allowed to use that cupboard? Can I put my things in there?
Tim: Of course you can. I've taken the first shelf…
Sean: And I've taken the second.
Tim: So you can have the third one.
Steve: Thanks. Right now, socks on the right, I think. T-shirts on the left…
Sean: Wow! Are you always so… tidy, Steve?
Steve: Yes, always. I like it when things are in the right place.
Tim: Oh no! Are you sure you want to be our roommate?
Steve: Sorry?
Sean: Look around you.
Steve: Oh yes. I see what you mean.

2 Listen and understand. Part 1.

Sharon: Excuse me, is this bed free?
Pat: Sure! I don't have a roommate yet. Come in.
Sharon: Thanks. I'm Sharon.
Pat: My name's Pat. Where are you from, Sharon?
Sharon: I'm from Chicago. And you?
Pat: I'm from Koolyanobbing.
Sharon: Koolywhat ? That's a funny name!
Pat: It's in Australia, not far from Perth. It's an aboriginal name.
Sharon: Oh. Well, let's unpack. Try and find a place for all our things.
Pat: Yeah. Oh, I hate that.
Sharon: What?
Pat: Unpacking! Putting things in their right place.

2 Listen and understand. Part 2.

Sharon: You hate putting things in their right place? What do you mean? (she puts her bag on the bed) Oh I see! I bet your room at home is always in a bit of a mess. Right?
Pat: Right. I'm so untidy. It drives my mum crazy. "Tidy your room!" she says, "Tidy your room!" She never leaves me alone. But I just hate dusting, vacuuming and all that…
Sharon: Well, right now there's no dusting or vacuuming to do. Just empty your bag! It's no big deal.
Pat: I know! But it's not exactly fun, is it?
Sharon: I know. So what do you really like to do?
Pat: What do I really like to do? I love being alone in my room. I like to listen to my CDs or play video games on my computer, or just read. I also like to play my guitar. And I hate it when my mum comes in and noses around. Does your mum do that?
Sharon: Oh no. Never. She knows I tidy my room every day, I vacuum the carpet once a week, and I always put my dirty clothes in the laundry basket in the bathroom.
Pat: You do? I suppose you help around the house too.
Sharon: Oh yeah. I often help to set or clear the table, and I help with the cooking too.
Pat: I see. You're the perfect little daughter, aren't you?
Sharon: Maybe, but it's worth it! *My* mom never noses around in *my* room!

Chapter 2, Lesson 2

2 Listen and understand.

Steve: Hello. This is Steve here. Is that Pat?
Pat's mum: No, it's her mum. I'll just go and get Pat for you! Hold on a second, please.
Steve: OK, thanks.
Pat's mum: Pat, quickly! It's Steve on the phone!
Pat: Hi, Steve! How are you?
Steve: Fine, thanks. And you?
Pat: I'm great, thanks. It's good to hear your voice.
Steve: Did you have a good journey home?
Pat: It was OK but the plane from London to Sydney was late. I waited 4 hours at London Airport! I was really tired

and it was so boring. Nobody to talk to.
Steve: Where was Janet? Wasn't she with you?
Pat: Yes, we were on the flight to London together. But then she was lucky. Her flight from London to Edinburgh was on time.
Steve: What about the others?
Pat: Well, Tim sent me a mail yesterday.
Steve: Oh yeah?
Pat: He's captain of the school baseball team this term.
Steve: Good for him. When did you go back to school?
Pat: Last Monday. The first week was awful. I lost my French textbook on the second day, so I couldn't do my French homework. The teacher was really annoyed with me. What about you?
Steve: Oh, school's great so far. I'm with my best friends from last year so that's really cool.
Pat: That's good. Look, I'm sorry, Steve, but Mum says it's getting late, and I haven't finished my homework for tomorrow!
Steve: OK. I understand. I'll email you, OK?
Pat: OK. Take care. And thanks for calling. 'Bye!
Steve: 'Bye!

4 Listen and understand.

Tim: Hi, Sharon. Tim here. How are you doing?
Sharon: Great thanks, and you?
Tim: Not so bad.
Sharon: Not so bad? Are you sure? It's Saturday morning and you aren't playing baseball? Something's wrong.
Tim: Yeah, I know. I usually train with the baseball team every Saturday morning. But this morning… well, I have a lot of homework this weekend!
Sharon: Poor you! Well, I did all my homework yesterday evening.
Tim: That doesn't surprise me, Little Miss Organised.
Sharon: Very funny. But listen, Tim, I can't stop now. I'm going shopping with my mom. She's waiting for me in the car.
Tim: OK. Well, maybe I'll give Sean a call online.
Sharon: He's never at home on Saturday afternoons. He goes swimming.
Tim: But it's only 10.45 in the morning.
Sharon: Not in Ireland! It's 6 hours ahead of us.
Tim: Oh yeah. Well I'll try Pat then.
Sharon: Pat? She's in Australia and that's – let me see – 13 hours ahead of us, so that means…
Tim: Oh.
Sharon: It's nearly midnight there.
Tim: Right.
Sharon: Not a good time to call.
Tim: Well, perhaps she's watching TV or something?
Sharon: I don't think so, Tim. I think she's probably sleeping. And I'm going shopping. Talk to you soon, OK?
Tim: OK, Sharon. 'Bye.
Sharon: 'Bye.

Chapter 2, Lesson 5.

1 Listen and understand.

Woman: Hello. We're sorry we're not available. Please leave a message after the beep and we'll return your call as soon as possible.
Man: Hello, this is Peter here. Erm… We're having a party on Saturday. It's Jennifer's 21st birthday. Would you like to come? Erm… let us know as soon as you can, OK? 'Bye!

2 Listen and understand.

Pat: Hello.
Sharon: Hi, is that Pat? This is Sharon.
Pat: Sharon! What a nice surprise! How are you?
Sharon: I'm good thanks, but I miss the camp!
Pat: Yeah, I do too.
Sharon: Did you get my message and the photos?
Pat: Yes, I did. Didn't I reply?
Sharon: No.
Pat: Oh yes! I remember now! The phone rang when I was looking at the photos and then I forgot to email you. Sorry!
Sharon: It doesn't matter.
Pat: I've got some nice photos too. I took a good one of you when you were rock-climbing.
Sharon: Can you send it to me by mail?
Pat: Of course, I can. I'll send it later. So how's school?
Sharon: Oh I'm really busy!
Pat: Are you? I am too. I was finishing a maths exercise when you called!
Sharon: Oops! Sorry! Have you got a lot of homework?
Pat: Yes I have. Tons! I've got a big history project.
Sharon: Have you? That sounds interesting.
Pat: The thing is you love history but I don't!
Sharon: That's true. It's my favourite subject! Oh, sorry Pat, Mom's calling me for breakfast. I'll have to go!
Pat: OK. Thanks for calling. 'Bye for now!
Sharon: 'Bye!

3 Listen and understand.

Sean: Hi Tim! How are you?
Tim: Good, thanks. I can't talk for long. I'm going to train at the baseball stadium in half an hour.
Sean: Oh yeah, you're captain this term, aren't you? That's great news!
Tim: Yeah, it's cool. Our first game is in two weeks. I can't wait!
Sean: I hope you win!
Tim: So do I!
Sean: Isn't it your birthday soon?
Tim: Yes it is. Next Saturday. And guess what! I'm going to San Francisco for the weekend!
Sean: San Francisco? Wow!
Tim: Yeah. My grandparents just moved there. I can't wait to see the cable cars and the Golden Gate Bridge. What are you doing next weekend?
Sean: Oh, nothing as exciting as that. I'm going to see a basketball match with my best friend.
Tim: Cool! I play basketball at school sometimes.
Sean: So do I, but I'm not very good at it.
Tim: Neither am I. I prefer football and swimming.
Sean: I love swimming too! There's a great swimming pool near my home in fact…

Chapter 3, Lesson 2

1 Listen and understand.

Janet: I love looking at the old photos in my photo album. Look, on the left, that's the farmyard. When I was little, we had horses, pigs, hens and geese. Now we only have cows, sheep and some hens. Oh, and there's my horse, Misty, and a goat too. We sometimes had goat's milk for breakfast! Now, this is me with some lambs. Look I'm feeding them with a bottle. They're so cuddly and cute! I remember one black lamb. It followed me everywhere! It was like a pet! Now on the right, that's me on Dad's knee in the tractor. I'm not driving it of course, but I wanted to. I was only about seven or eight. The last one is Dad milking the cows. He looks really young in this photo, doesn't he?

2 Listen and understand.

Janet's dad: Janet! Janet!
Janet: I'm over here, Dad!
Janet's dad: Oh, there you are! Have you finished?
Janet Nearly. I've collected the eggs and I've cleaned out the hen house. Why?
Janet's dad: I need your help.
Janet: But I haven't fed the hens yet.
Janet's dad: You can do that later. I've lost a lamb. I haven't got time to look for it now. It's milking time.
Janet: OK. I'll look for it. [...] Dad! Dad! I've found the lamb!
Janet's dad: Well done, Janet! That was quick!
Janet: It's fallen behind some boxes at the back of the barn.
Janet's dad: Haven't you put it back with its mother?
Janet: No. I've left it where it is because it's got a cut on its leg.
Janet's dad: OK. I'll go and see. Have you cleaned Misty's stable?
Janet: Yes, I have.
Janet's dad: And have you brought Misty in for the night?
Janet: Yes, and I've given her some hay.
Janet's dad: Good. Have you changed her water?
Janet: Oh no, I forgot!
Janet's dad: You can do that now then.
Janet: I still haven't given the hens their tea!
Janet's dad: Don't worry. I'll see to the lamb and then I'll feed the hens.

Chapter 3, Lesson 5.

1 Listen and understand.

Dr Fraser: Now then Janet, can you hold the lamb?
Janet: Like this?
Dr Fraser: That's right.
Janet : Can I ask you a question, Dr Fraser?
Dr Fraser: Of course you can. What would you like to know?
Janet : Why did you decide to become a vet?
Dr Fraser: Oh, it's hard to say really. When I was a young boy I was very fond of animals. One day I came home from school and my pet dog was very ill. I was very frightened.
Janet : What happened? He didn't die, did he?
Dr Fraser: No, no. My mother called the vet. He came and prescribed some medicine. After a week, Benji started to get better. I was so grateful.
Janet : And so that's why you decided to become a vet?
Dr Fraser: Well, partly. But at the time I was too young. I didn't think about becoming a vet then.
Janet : So when *did* you decide?
Dr Fraser: It was later on. You see, at school, I really liked science, especially biology. And, when I was fifteen, I did two weeks' work experience at a vet's. I loved every minute of it. I think that's when I really decided.
Janet : Where did you study?
Dr Fraser: I studied at Edinburgh University. And what about you, Janet? Do you know what you would like to do later on?

3 Listen and understand.

Dr Fraser: Hello, Mr McDonagan. What's wrong with Janet's horse, then?
Janet's dad: Well, unfortunately, she's lost her appetite. It's very strange.
Dr Fraser: When did she stop eating?
Janet's dad: She stopped eating on Saturday. She didn't want her hay, and on Sunday she seemed tired.
Dr Fraser: Have you offered her other things to eat?
Janet's dad: Yes, we've tried everything. We gave her bran on Sunday but she didn't eat it. Then we put her in the meadow on Monday but I don't think she ate any grass.
Dr Fraser: Have you treated her for worms recently?
Janet's dad: Yes, last Friday. Why?
Dr Fraser: Well, you know, it's quite common for horses to lose their appetite after treatment for worms.
Janet's dad: Is it? That's reassuring then. But I'm afraid there's another problem. I think her foot is infected.
Dr Fraser: Oh dear. Have you checked that there are no stones in the shoe?
Janet's dad: Yes I have.
Dr Fraser: Have you looked for blood?
Janet's dad: Yes. I washed and disinfected the foot yesterday.
Dr Fraser: Let me have a look.

Chapter 4, Lesson 2

1 Listen and understand.

Tim's dad: What are doing, Tim?
Tim : I'm trying to find a topic for my project.
Tim's dad: What project?
Tim : It's for the Science Fair.
Tim's dad: Oh, right. So have you had any ideas yet?
Tim : Well, I did some research on the Net yesterday. I think I'd like to do something on lasers or light or maybe photography – or something like that, you know?
Tim's dad: What about how plants use light?
Tim : You mean photosynthesis? Oh, please Dad, I studied that last year. I hate plant biology!
Tim's dad: What about astronomy then? You have a telescope. You could do a project about Mars!
Tim : I'd prefer something to do with physics. Maybe something to do with sound.
Tim's dad: Mm. That could be interesting.
Tim : Wait a minute! I know! The school dance last year!
Tim's dad: The school dance?
Tim : Yes. Remember? I told you the lighting was awe-

some. The colours were just amazing.
Tim's dad: Yeah, but how can "lights at a school dance" be a topic for a science project?
Tim : Because they only had a few spotlights but there were hundreds of colours. You see what I mean?
Tim's dad: Tim, I think you have your project!
Tim: Great! I'm going to do some more research right now.
Tim's dad: I think you should ask your teacher first, don't you?

2 Listen and understand.

Mrs Stillman: Tell me more about your project, Tim.
Tim: Well, I've noticed that if you mix different coloured lights you get surprising colours.
Mrs Stillman: Uh huh. Go on.
Tim: Well, I'd like to use just the three primary colours of light: red, green and blue.
Mrs Stillman: That's a good start. Keep it simple.
Tim: But how do I go on? Could you help me?
Mrs Stillman: Well, first of all you must make a hypothesis.
Tim: What's a hypothesis?
Mrs Stillman: That means you must make an intelligent guess about the results of your experiment.
Tim: Oh right. So I could say: "If I mix red and blue paint, it makes purple paint but if I mix red and blue light it doesn't make purple light."
Mrs Stillman: That's right. And then you must test your hypothesis by doing an experiment.
Tim: And what about the results?
Mrs Stillman: You must prepare a display board. You should think of a good title and you should organise the information… like a newspaper.
Tim: Like a newspaper? Oh, you mean I should divide my report into sections.
Mrs Stillman: Exactly. It must be easy to read. And don't forget pictures.
Tim: Pictures?
Mrs Stillman: Yes, you should take some photos during the experiment. You can't prove your hypothesis is right if you don't have any photos, can you?
Tim: Oh no, of course not!

Chapter 4, Lesson 5

1 Listen and understand.

Tim: Stand by that light, please, Susie. Now, don't move and look at your shadow. What colour is it?
Susie: Well, it's black of course.
Tim: OK. The light is white, the shadow is black. Now what would happen if we used a coloured light – blue for example? Would the shadow be blue or black?
Susie: It would be blue.
Bill: No, it wouldn't. It would still be black, wouldn't it, Tim?
Tim: Yes, you're right, Bill.
Susie: Oh really?
Tim: But what if we had *two* coloured lights – one red, one blue?
Bill: You mean if we mixed them?
Tim: Yes. What colour would the shadow be then?
Susie: Er… I don't know.
Bill: Shadows are always black, Susie. The shadow would still be black.
Tim: Are you sure, Bill?
Bill: You mean, a shadow can be different colours?
Tim: Come into the lab and I'll show you.

2 Listen and understand.

Tim: Now look. There are three coloured spotlights here. I'll switch on the blue one. Bill, if you put your hand between the light and the screen, what colour will the shadow be?
Bill: Black. Look!
Tim: Right. Thanks, Bill. Now, if I switch on the blue and the red light together, what will happen now?
Bill: The screen will change colour.
Susie: Yes, it'll be a sort of deep pink.
Bill: And the shadow will still be black.
Tim: Let's try it and see. Here we go!
Bill: Oh! Two shadows, a blue one and a red one! I don't believe it.
Tim: And finally, what will happen if I switch on the three spotlights at the same time?
Susie: I suppose you'll get three shadows; red, blue and green.
Bill: Yeah, absolutely.
Tim: OK. Watch!
Susie: Wow! The screen's white and the shadows are light blue, yellow and pink. That's incredible! How did you do that?

Chapter 5, Lesson 2

1 Listen and understand.

James: Hi Steve, it's James!
Steve: Oh hi! How are you? Are you having a good time?
James: Yeah, great thanks!
Steve: So what have you done so far?
James: Well, I've travelled up the east coast. I've visited Sydney, Surfers' Paradise, Brisbane and loads of other places.
Steve: Have you taken lots of photos?
James: Yeah, hundreds! I've seen so many wonderful places. I've seen the biggest sand dunes in the world.
Steve: Have you done any surfing yet?
James: Yeah, I have. I've tried it. It's really fun but very tiring. I've never seen such big waves.
Steve: What about snorkelling?
James: Yeah, I've done that too.
Steve: So you've seen the famous corals then?
James: Yeah, of course! The corals are so beautiful but it's so sad because they're dying.
Steve: Why is that?
James: Apparently one reason is that we humans don't take enough care. For example, anchors from fishing boats can damage corals. It's a really serious problem over here.
Steve: Mm. So where are you going next?
James: Well, I haven't been to the Northern Territory yet. But I'm going to visit Ayers Rock in two weeks. I can't wait!
Steve: Don't forget to get in touch with Pat, will you?
James: No. I'll give her a call next week.

Steve: Do you want to speak to Mum?
James: Yes please.
Steve: OK. Hang on. Mum!

2 Listen and understand.

Steve: Mum, I'm thinking about joining Footprint Friends.
Mum: What's that?
Steve: It's a website which helps to raise awareness about environmental issues. There's loads of interesting information.
Mum: Really? So what have you found out?
Steve: Well there's lots of stuff about the effects of climate change. Basically, they say that humans have exploited the Earth for too long.
Mum: Yes, I suppose that's true. But years ago, people didn't know there was anything wrong – they didn't realise.
Steve: I know, but over the next thirty years global temperatures will get higher and higher.
Mum: Is that what they say?
Steve: Yes. And there will be more and more floods and more and more storms.
Mum: Are they sure?
Steve: And there will be droughts – especially in Third World countries. That will mean less and less water for drinking and for agriculture.
Mum: So what about Footprint Friends? What do they do?
Steve: The idea is to campaign for ways to tackle climate change, to write to our MPs for example. It's better to have one loud voice than lots of little ones!
Mum: But do you really think you can change the way people live? We've known about global warming for years. But have we changed?

Chapter 5, Lesson 5

1 Listen and understand.

Guide: I hope you enjoyed your tour of Uluru. You can take some photos now but don't forget this is a sacred place. Please don't climb the rock.
James: Excuse me, can we ask you a few questions?
Guide: Yes, of course.
James: I'd like to know more about your ancestors. What was life like two hundred years ago?
Guide: Well, two centuries ago, everything was different. My ancestors led a simple life, they lived in harmony with nature. There were no cities and there were no tall buildings. Colonisation brought them.
Pat: Did the Aborigines have tribes or clans?
Guide: Yes, and they marked the limits of their territories by using rivers, lakes or mountains.
James: So they had maps?
Guide: No, no. There were no maps, and no writing either. They used paintings, stories and songs to pass on information.
James: I read that Aborigines travelled about a lot in the past. Why was that?
Guide: It's quite simple: years ago they didn't have farms. They used to live on what nature gave them. The men used to hunt kangaroos and turtles and the women and children used to collect fruit and berries. So they moved from place to place when they needed to look for more food.
Pat: And what about Aboriginal culture today? Do you think it will survive?
Guide: I don't know. Sadly most of the Aborigines now live in big cities and towns. They abandoned our traditions a long time ago. However, some Aborigines, like me, still live in remote areas and they still live close to the traditional Aborigine way of life. I really hope the Australian government will protect us.
James: Thank you very much for your time. [...]
Pat: So what did you think, James?
James: I've never seen anything like it! And the guide was really interesting. It's an amazing place.
Pat: Yeah, it's incredible. I can't wait to see the sunset!
James: Yeah. Apparently the rock changes colour!

2 Listen and understand.

Girl: Hi! What about that letter to your MP? Have you had time to write it?
Steve: Not yet, I'm afraid.
Girl: Are you going to the Friends of the Earth event on Saturday?
Steve: No, I'm sorry I can't. My brother has just come back from Australia. We're eating out with my parents to celebrate.
Girl: That sounds cool. So did he enjoy his trip?
Steve: Yes, I've just had a look at his photos. They're incredible. He saw so many amazing places!
Girl: I bet you're really envious!
Steve: Yeah, I am a bit! He had a fantastic time. But who knows, maybe I'll go there one day too! He told me the people were really friendly.
Girl: Which part of Australia did he visit?
Steve: He travelled up the east coast. He went snorkelling and surfing. He said it was really beautiful. But it's sad because the Australian coastline is in great danger.
Girl: Really? Why?
Steve: Apparently it's because more and more Australians are building houses on the coast. That causes a lot of pollution.
Girl: What are the Australians doing about it then?
Steve: I don't know.
Girl: Maybe your brother knows.
Steve: Perhaps. He has just started to take an interest in the environment. He didn't seem to care much before. He used to laugh at me!
Girl: Maybe that's because of what he saw in Australia.
Steve: Yeah, you're probably right.

Chapter 6, Lesson 2

1 Listen and understand.

Sean: Hi Connor! Why isn't Patrick with you?
Connor: He sent me a text message. He said he couldn't come until 3pm.
Sean: Oh right. Where is he meeting us?
Connor: I don't know. What about outside the cinema?
Sean: Yeah fine. Can you text him?
Connor: No problem.
Sean: We can buy the tickets early, so we don't have to queue.
Connor: Wait a minute! There's that guy again.

Sean: Oh yeah. Isn't he the one who does those really cool pavement paintings?
Connor: Yes that's right. Remember the one he did of the Coke bottle in front of the cathedral? Let's go and have a look.
Sean: Wow! Look at that. It's so realistic!
Connor: He really is talented. I can't paint to save my life!
Sean: He's definitely the best street painter I've ever seen.
Connor: I bet that's Patrick.
Sean: So what did he say?
Connor: He asked if we could buy his ticket.
Sean: Listen! My dad can play that.
Connor: Hey! Look at him over there! I bet your dad can't eat fire!
Sean: How do they do that?
Connor: I haven't a clue.
Sean: Hang on! Look at that juggler!
Connor: I've always wanted to learn how to juggle. He's amazing!
Sean: How many balls is he juggling with?
Connor: I can't see… 7 or 8 I think!
Sean: Come on, hurry up! My dad said there's a band playing on the High Street.
Connor: Really? What are they called?
Sean: I don't know, Dad couldn't remember.
Connor: That must be them over there! What a joke! They're useless!
Sean: That's the worst band I've ever heard.

2 Listen and understand.

Secretary: Good morning.
Sean: Hello. Please can you tell me if the school hall is free on Friday the 20th?
Secretary: Yes, I think it is.
Sean: My friends and I would like to use it. Who do I have to ask?
Secretary: You must ask for the headmaster's permission.
Sean: When can I see him, please?
Secretary: I think he can see you now. What's your name?
Sean: Sean. Sean Coogan.
Secretary: Just a moment, Sean.
Headmaster: Come in Sean!
Sean: Good morning, Mr Lawrence.
Headmaster: What can I do for you?
Sean: Well, I'm part of a band, and we'd like to give a concert next month for Red Nose Day.
Headmaster: Uh huh.
Sean: So, can we use the school hall, please?
Headmaster: Who is in this band?
Sean: Connor Doyle and Patrick O'Reilly.
Headmaster: I see. You know that if you use the hall, you must be very careful. You mustn't damage it in any way and you must clean it afterwards.
Sean: Yes of course, sir.
Headmaster: And you and your friends mustn't smoke and you mustn't drink. Is that clear?
Sean: Yes.
Headmaster: In that case, the hall is yours. The concert must end at 11.30pm. The secretary has a special form. You and the other members of the band must sign it to say you have agreed to the rules.
Sean: Please can we rehearse in the hall after school a few times?
Headmaster: Yes, I don't see why not. If the hall is free then you can use it. You don't have to get permission every time. But remember, you must leave it exactly as you find it!

Chapter 6, Lesson 5

1 Listen and understand.

Sean's mum: Why are you so late home?
Sean: I was with the headmaster.
Sean's mum: What? Are you in trouble?
Sean: No, Mum! You know I want him to lend us the school hall for our concert. I was asking for his permission, that's all.
Sean's mum: So what did he say?
Sean: First of all he went on and on about rules: "you mustn't do this" and "you mustn't do that"…
Sean's mum: That's understandable, Sean.
Sean: Then he asked me who was in the band and he told me how important the school hall was.
Sean's mum: Well, I suppose he wants you to take good care of it. What do you expect?
Sean: It's only a concert mum! He wants us to sign a special form. Can you believe it?! It's really over the top. What does he think we're going to do?
Sean's mum: Sean, he's trusting you with school property!
Sean I know that.
Sean's mum: Well, there you are then.
Sean: But Mum, he even wants us to end the concert at 11.30. Connor and Patrick are going to be really annoyed! It's so early.
Sean's mum: 11.30 is a perfectly reasonable time.
Sean: Pfff.
Sean's mum: Listen Sean, I think you should be a bit more grateful. Without the hall you couldn't have a concert.
Sean: Please Mum, don't start.
Sean's mum: Sean, I don't want you to speak to me like that.
Sean: Sorry, Mum.
Sean's mum: You're very lucky to have the school hall. And rules are rules. So do exactly what the headmaster wants.

2 Listen and understand.

Girl: Hi, Sean! Sorry I couldn't come to the concert last night.
Sean: Oh, don't worry. Patrick told me you had to go somewhere.
Girl: Yes, my mum wanted me to go and see Gran; it was her birthday. Anyway, how did it go?
Sean: You're not going to believe what happened.
Girl: What?
Sean: There was a power cut!
Girl: You're kidding!
Sean: No, I'm not.
Girl: So what did you do? Did you carry on in the dark?
Sean: Well, there were little candles everywhere, so everyone could see.
Girl: But what about your instruments?
Sean: We had to unplug everything! Patrick and I couldn't play our electric guitars and Connor couldn't use

his keyboard. We had to use the piano in the school hall.
Girl: What a nightmare!
Sean: And there were no mikes of course, so the people at the back couldn't hear Patrick's voice and we couldn't do some of the songs without guitars.
Girl: What did the people in the audience say?
Sean: Oh, they were really nice.
Girl: I bet it was hard to carry on!
Sean: Well we couldn't do anything about the power cut so we just had to do our best!
Girl: Did you finish early?
Sean: Yes, we stopped at about eleven.
Girl: And I suppose the power came back on at five past!
Sean: No no, we left at about midnight and the power was still off.
Girl: Midnight? Why did you stay until midnight?
Sean: The headmaster asked us to clean up after the concert. So first we had to put all the chairs away, then we had to clean the floor and then we had to...

Chapter 7, Lesson 2

1 Listen and understand.

Kimberley: Hey Sharon! What are you doing?
Sharon: I'm trying to fill in this careers form!
Kimberley: Oh yeah, I have to fill in mine too. But I don't know what to put. I haven't really thought about it.
Sharon: Did you watch *America's Next Top Model* last night?
Kimberley: Of course I did! I wasn't going to miss the semi-finals, was I?
Sharon: So who do you think might win?
Kimberley: I reckon Naomi might be the winner. She's just *so* pretty.
Sharon: But don't you think Linda looks better on the cat-walk? She's got more confidence. I really think she may win!
Kimberley: One thing's for sure: it must be so hard for the judges to choose.
Sharon: You know they're already advertising for next season's candidates.
Kimberley: Oh yeah?
Sharon: So what are you waiting for?
Kimberley: What? Don't be ridiculous!
Sharon: You never know, you may be next year's super-model!
Kimberley: Yeah and I might just take a trip to the moon as well!
Sharon: You could put «supermodel» on your careers form as your ambition.
Kimberley: Thanks but if I do that, I think our careers advisor may well tell me to think again!
Sharon: Yeah, you're probably right.
Kimberley: Well, I'd better go. Have fun with your form!
Sharon: Thanks.
Kimberley: Catch you later!

2 Listen and understand.

Man: So, Sharon... I've read your form. I see you like geography.
Sharon: Yes, it's my favourite subject. I love Spanish too.
Man: Yes, I had a look at your report card. You did well in both last semester, but you'll have to work harder in your other subjects too.
Sharon: Yeah, I know.
Man: Especially Math.
Sharon: Yes, Mom says I should get extra coaching in Math.
Man: If you ask your math teacher, I'm sure he will be able to help you. There's no need for extra-coaching.
Sharon: Maybe... I'll ask him.
Man: Yes, do. And you'll have to start thinking about your career options too. Do you have any ideas?
Sharon: I'd quite like to be a pilot.
Man: A pilot? Wow. Why do you want to do that?
Sharon: Well, as I said, I love geography and I'd love to travel.
Man: Being a pilot isn't as glamorous as you might think.
Sharon: Why? If I work for a big airline, I'll be able to travel all over the world and I won't have to pay a penny! Sounds great to me!
Man: Yes, but you won't be able to go sightseeing very much you know. You'll have to spend a lot of your time in airports. You'll have to get up very early and you'll have to put up with jetlag. It's a very hard job.
Sharon: I hadn't thought about all that!
Man: That's what I'm here for. I think you should go away and think carefully about it.
Sharon: Maybe it's not such a good idea after all!
Man: That's for you to decide. Come back and see me in a couple of weeks. OK?
Sharon: OK, thanks a lot.

Chapter 7, Lesson 5.

1 Listen and understand.

Harry: How do you feel, Veronica?
Veronica: Not so good, Dad. But I'll be OK... I hope.
Harry: Doctor! What are her chances? Be honest with me, please.
Doctor: Well, it's 50-50, sir.
Harry : I see.
Veronica: Dad! Where's Ryan? He was in the car with me when it exploded. Is he OK?
Harry: He's... He's...
Doctor: I'm afraid your brother didn't make it, Veronica.
Ryan: Oh no! And where's Mom?
Harry: I don't know. She's disappeared.
Veronica: Dad! you must do something. They've killed Ryan, they've tried to kill me and now they've probably kidnapped Mom!
Harry: What do you want me to do, Veronica? I can't tell the police. Who can I tell? Who can I trust?
Veronica: Oh Dad!
Harry: First of all, I want you out of New York. Go to Mexico. You'll be safe there.
Veronica: No, I won't be safe, Dad. Remember what happened to Frank. No one can escape the Organisation.
Harry: But you can't stay here. New York's too dangerous.
Doctor: Sir, your daughter's not going anywhere. Do you realise how dangerous it would be to move her.
Harry: Yes, I realise that, doctor, but we have to do something. We must stop the Organisation. Stop them now!

2 Listen and understand.

Kimberley: I wonder if Veronica will be OK.
Sharon: I hope so.
Kimberley: Yeah, me too. Poor Harry. He's lost his son, and now his wife's disappeared…
Sharon: Yes, what about her? Has the Organisation kidnapped her or not?
Kimberley: Well someone kidnapped her in the last episode.
Sharon: Oh, I missed that.
Kimberley: But we don't know where she is. And I'm not sure if the Organisation kidnapped her or if it was someone else.
Sharon I wonder why Harry can't tell the police.
Kimberley: I can't remember. I think that was in the last episode too.
Sharon: Poor Harry. He has no idea what to do.
Kimberley: I'm not surprised.
Sharon: Do you think Veronica will leave New York? I mean, they both know how dangerous New York is for her.
Kimberley: Yes, they said that. But I'm not sure why.
Sharon: Neither am I.
Kimberley: But then she said no one can escape the Organisation.
Sharon: Someone called Frank tried to escape, right?
Kimberley: Yeah, but I can't remember who Frank is or what happened to him.
Sharon: Neither can I. Why does the Organisation want to kill Veronica anyway?
Kimberley: I can't remember. But it's exciting, isn't it?

Lexique

A

ability *(n.)* capacité
accommodation *(n.)* logement, hébergement
according to *(prép.)* selon
accurate *(adj.)* précis
ache *(n.)* douleur sourde
acorn *(n.)* gland
act *(v.)* agir ; jouer (la comédie)
actually *(adv.)* en fait
address *(n., v.)* adresse, discours ; adresser
adjust *(v.)* régler
advertise for *(v.)* faire paraître une annonce pour
adviser *(UK)*, **advisor** *(US)* *(n.)* conseiller
affectionate *(adj.)* affectueux
afterwards *(adv.)* après
ago *(adv.)* il y a *(temps)*
agree to *(v.)* accepter
ahead of *(prép.)* devant
air force *(n.)* armée de l'air
airline *(n.)* compagnie aérienne
alien *(n.)* extraterrestre
allow *(v.)* permettre
already *(adv.)* déjà
amazing *(adj.)* surprenant
amplifier *(n.)* amplificateur
ancestor *(n.)* ancêtre
anchor *(n.)* ancre
anger *(n.)* colère
annoyed *(adj.)* mécontent, en colère
anytime *(adv.)* à n'importe quel moment
anyway *(adv.)* de toute façon
anywhere *(adv.)* n'importe où
ape *(n.)* (grand) singe (sans queue)
apparently *(adv.)* apparemment
appear *(v.)* apparaître
application *(n.)* demande (d'emploi…)
apply for *(v.)* poser sa candidature
appointment *(n.)* rendez-vous
area *(n.)* zone, région
at arm's length à distance
around *(prép.)* autour de, partout dans
as if/though comme si
ashes *(n.)* cendres
assembly *(n.)* réunion
attach *(v.)* (s')attacher
attract *(v.)* attirer
audience *(n.)* public
author *(n.)* auteur
available *(adj.)* disponible
average *(adj.)* moyen
avoid *(v.)* éviter
awake *(adj.)* éveillé
award *(n.)* récompense
aware *(adj.)* conscient
awareness *(n.)* conscience
awesome *(adj.)* cool, super
awestruck *(adj.)* stupéfait
awful *(adj.)* affreux

B

baboon *(n.)* babouin
backspace key *(n.)* touche correction
backpack *(n.)* sac à dos
 backpacking trip *(n.)* randonnée
badger *(n.)* blaireau
baggy *(adj.)* (trop) ample
ballpoint pen *(n.)* stylo bille
band *(n.)* groupe *(musique)*
bank holiday *(n.)* jour férié *(UK)* ; jour de fermeture des banques *(US)*
bare *(adj.)* nu
bark *(n.)* écorce
barn *(n.)* grange
basically au fond
bathe *(v.)* se baigner
battery charger *(n.)* chargeur de batterie(s)
be (was, been) *(v.)* être
 be around exister
 be in trouble avoir des ennuis
 be located être situé
 be supposed to être censé
 be unaware of ignorer
beat (beat, beaten) *(v.)* battre
become (became, become) *(v.)* devenir
bedtime story *(n.)* histoire qu'on lit à l'heure du coucher
begin (began, begun) *(v.)* commencer
beginning *(n.)* début
behave *(v.)* se comporter
believe (in) *(v.)* croire (à)
bell *(n.)* cloche, sonnette, sonnerie
bellow *(v.)* hurler
belly *(n.)* ventre
belong *(v.)* appartenir
berry *(n.)* baie
best-known *(adj.)* le plus célèbre
bet *(n.)* pari
beverage *(n.)* boisson
biking *(n.)* faire du VTT
bite (bit, bitten) *(v.)* mordre
blaze *(n.)* éclat
blast-off *(n.)* mise à feu
blind *(adj.)* aveugle
blood *(n.)* sang
blush *(v.)* rougir
on board *(adv.)* à bord
boarding school *(n.)* pension
body suit *(n.)* combinaison
book *(v.)* réserver
boom *(n.)* essor
booster *(n.)* fusée de lancement
boot *(n.)* botte
boring *(adj.)* ennuyeux
both *(adv., pron.)* à la fois ; tous les deux
bottle *(n.)* bouteille ; biberon
bottom *(n., adj.)* fond ; du bas
bowl *(n.)* bol, saladier
brain *(n.)* cerveau
brass *(n.)* laiton
brave *(adj.)* courageux
break (broke, broken) *(v.)* casser
 break up rompre
breed *(n.)* race
brief *(adj.)* bref, court
bright *(adj.)* clair, éclatant, brillant
brilliant *(adj.)* brillant
bring (brought, brought) *(v.)* apporter, amener
 bring up élever, éduquer
brotherhood *(n.)* (con) fraternité
brush *(v.)* brosser
bubble *(n.)* bulle
buffalo *(n.)* buffle
build (built, built) *(v.)* construire
bulb *(n.)* ampoule
burn (burned/burnt, burned/burnt) *(v.)* brûler
burst (burst, burst) *(v.)* éclater
 burst to mourir d'envie de
butterfly *(n.)* papillon
by *(prép.)* à côté de
 by the way par ailleurs

C

clean (out) *(v.)* nettoyer
clean *(adj.)* propre
clean-up *(n.)* nettoyage
clear *(adj., v.)* clair, net ; débarrasser (la table…)
clever *(adj.)* intelligent
click on *(v.)* cliquer sur
climb *(v.)* grimper (sur)
clinch *(v.)* régler
close (to) *(prép., adv.)* près (de)
clothes, clothing *(n.)* vêtements
clothes dryer *(n.)* sèche-linge
clue *(n.)* indication
 I haven't a clue je n'ai pas d'idée
coaching *(n.)* leçons particulières
coal *(n.)* charbon
coast *(n.)* côte
coastline *(n.)* littoral
coat *(n.)* manteau ; pelage
cod *(n.)* morue
collect *(v.)* prendre, ramasser
collide *(v.)* entrer en collision
colourful *(adj.)* coloré, vif
comedian *(n.)* comique
comic *(n.)* bande dessinée
company *(n.)* compagnie ; société
compass *(n.)* boussole, compas
complete with *(adj.)* pourvu de
compute *(v.)* calculer
computer *(n.)* ordinateur
 computer science l'informatique
conceive *(v.)* concevoir
concrete *(n.)* béton
confidence *(n.)* confiance (en soi)
conflict *(n.)* conflit
congested *(adj.)* encombré *(route)*
congestion *(n.)* encombrement
conquer *(v.)* conquérir
consent *(v.)* consentir
conservationist *(n.)* défenseur de l'environnement
consist of *(v.)* consister en
consume *(v.)* consommer
contain *(v.)* contenir
control *(n.)* contrôle
convincing *(adj.)* convaincant
cooking *(n.)* cuisine *(l'activité)*
coppery *(adj.)* cuivré
coral reef *(n.)* récif de corail
corn on the cob *(n.)* maïs
correct *(v.)* corriger
corridor *(n.)* couloir
count *(v.)* compter
countdown *(n.)* compte à rebours

country *(n.)* campagne ; pays
countryside *(n.)* campagne
crag *(n.)* rocher escarpé
cranberry *(n.)* airelle
crane *(n.)* grue
crazy *(adj.)* fou
create *(v.)* créer
cremate *(v.)* incinérer
crew *(n.)* équipage
crooked *(adj.)* tortueux
cross *(v.)* traverser
crunchy *(adj.)* croquant
cuddly *(adj.)* câlin
cult *(n., adj.)* culte
currant *(n.)* raisin de Corinthe
customer *(n.)* client
cut (cut, cut) *(n., v.)* plaie ; couper
cute *(adj.)* mignon

D

daily *(adj.)* quotidien
damage *(n., v.)* dégâts ; endommager
damsel *(n.)* damoiselle
dare *(v.)* oser
dark *(n.)* sombre
dash *(n.)* tiret
data *(n. pl.)* données
deadly *(adj.)* mortel
deal *(n.)* marché ; affaire
death *(n.)* (la) mort
deck *(n.)* pont (d'un bateau)
dedicate *(v.)* dédier, consacrer
deep *(adj.)* foncé
deer *(n.)* cerf
degree *(n.)* diplôme (universitaire)
delete *(v.)* effacer
depth *(n.)* profondeur
desert island *(n.)* île déserte
design *(n., v.)* conception, plan, design ; concevoir, dessiner
desktop computer *(n.)* ordinateur de bureau
destined for destiné à
destroy *(v.)* détruire
device *(n.)* appareil
devise ***(v.)*** concevoir
diary *(n.)* agenda
die out *(v.)* disparaître
dim *(adj.)* faible *(lumière)*
dirt *(n.)* terre
dirty *(adj.)* sale
disappear *(v.)* disparaître
discovery *(n.)* découverte
discuss *(v.)* discuter de
disease *(n.)* maladie
dishwasher *(n.)* lave-vaisselle
display *(n.)* exposition
distinguish *(v.)* distinguer
distorted *(adj.)* tordu
distress *(n.)* détresse
divert *(v.)* dévier
donate *(v.)* faire don de
doorway *(n.)* portail
dorm(itory) *(n.)* dortoir
dot *(n.)* point
downhill skiing *(n.)* ski alpin
drain *(n.)* canalisation
drama *(n.)* art dramatique
drawback *(n.)* inconvénient
draw (drew, drawn) *(v.)* dessiner
dream *(n., v.)* rêve ; rêver
dress up *(v.)* se déguiser
drop *(v.)* laisser tomber
drought *(n.)* sécheresse
during *(prép.)* pendant
dusk *(n.)* crépuscule
dust *(n.)* poussière

E

eagle *(n.)* aigle
earth *(n.)* terre
earthquake *(n.)* tremblement de terre
educate *(v.)* instruire
eel *(n.)* anguille
effect *(n.)* effet
eggshell *(n.)* coquille d'œuf
elbow *(n.)* coude
eldest *(adj.)* aîné
elect *(v.)* élire
else *(adv.)* d'autre
empty *(v.)* vider
endangered *(adj.)* en voie de disparition
engine *(n.)* moteur
engineer *(n.)* ingénieur
engineering *(n.)* ingénieurie
enjoy *(v.)* aimer, prendre du plaisir à
ensure *(v.)* assurer
enter *(v.)* entrer dans ; participer à *(concours)* ; saisir *(texte)*
entirely *(adv.)* complètement, entièrement
envious *(adj.)* jaloux
equipment *(n.)* matériel
especially *(adv.)* particulièrement
establish *(v.)* établir
even *(adv.)* même
event *(n.)* événement, réunion
evil *(n.)* le mal
evolve *(v.)* évoluer
exactly *(adv.)* exactement
except *(prép.)* sauf
exchange *(v.)* échanger
excited *(adj.)* excité
exciting *(adj.)* excitant, passionnant
excuse me pardonnez-moi
expect *(v.)* s'attendre à
expel *(v.)* expulser
experience *(v.)* expérimenter *(= vivre)*
experiment *(n., v.)* expérience (scientifique) ; expérimenter *(= essayer)*
explain *(v.)* expliquer
explanation *(n.)* explication
explode *(v.)* exploser
express *(v.)* exprimer
extensively *(adv.)* considérablement
extinct *(adj.)* disparu *(espèce)*
extinction *(n.)* disparition *(espèce)*
extra *(adj.)* supplémentaire
extract *(n.)* extrait
extremely *(adv.)* extrêmement

F

facility *(n.)* équipement, installation
factory *(n.)* usine
fade *(v.)* pâlir, se faner
fail to *(v.)* omettre de
fair *(adj.)* équitable, juste ; clair, blond
fairy tale *(n.)* conte de fées
fall (fell, fallen) *(v.)* tomber
farmyard *(n.)* cour de ferme
fashion show *(n.)* défilé de mode
fast forward *(n., v.)* avance rapide ; avancer (rapidement)
fasten *(v.)* attacher
fear *(n., v.)* peur ; craindre
feast *(n.)* festin
feather *(n.)* plume
feed (fed, fed) *(v.)* nourrir
feel (felt, felt) *(v.)* sentir
fellow *(adj.)* camarade/compagnon de
ferocious *(adj.)* féroce
few *(dét.)* peu de
fiendish *(adj.)* diabolique
fight (fought, fought) *(v.)* combattre
  fight off repousser
figure *(n.)* chiffre
file *(n.)* dossier
fill in *(n.)* compléter/remplir (un formulaire)
film star *(n.)* vedette de cinéma
finally *(adv.)* enfin
find (found, found) *(v.)* trouver
  find out découvrir
fine *(adj.)* bien ; magnifique
finish *(v.)* finir, terminer
fire *(n.)* feu, incendie
firework *(n.)* feu d'artifice
first (of all) *(adv.)* d'abord
fisherman *(n.)* pêcheur
fishing boat *(n.)* bateau de pêche
fit (fitted/fit, fitted/fit) *(v.)* convenir à, être de la bonne taille
flag *(n.)* drapeau
flash *(n.)* éclat
flesh *(n.)* chair
flicker *(v.)* vaciller
flight *(n.)* vol *(avion)*
flood *(n.)* inondation
flow *(v.)* couler
fly (flew, flown) *(v.)* voler *(avion)*
focus *(n.)* point central
fog *(n.)* brouillard
follow *(v.)* suivre
be fond of aimer
food *(n.)* nourriture, alimentation
football pitch *(n.)* terrain de football
footprint *(n.)* empreinte de pied
forbidden *(adj.)* interdit
foreign *(adj.)* étranger
forest *(n.)* forêt
forget (forgot, forgotten) *(v.)* oublier
form *(n.)* formulaire
formula *(n.)* formule
fort *(n.)* forteresse
fortunately *(adv.)* heureusement
fossil fuel *(n.)* combustible fossile
found *(v.)* fonder
fowl *(n.)* volaille
frankly *(adv.)* honnêtement
free *(adj.)* gratuit ; libre
freedom *(n.)* liberté
freeze (froze, frozen) *(v.)* geler
freshwater *(n., adj.)* (d')eau douce
fridge *(n.)* réfrigérateur, frigo
friendly *(adj.)* amical, sympathique
frightfully *(adv.)* terriblement

fringe *(n., adj.)* (d')avant-garde
fundraising *(n.)* collecter des fonds
funky *(adj.)* branché
fur *(n.)* fourrure, pelage
fury *(n.)* fureur

G

gardening *(n.)* jardinage
gate *(n.)* porte *(extérieur)*
gateway *(n.)* porte, entrée *(extérieur)*
gaze *(n.)* regard
general public *(n.)* public
genetically engineered *(adj.)* génétiquement modifié
gentle *(adj.)* doux
get (got, got / gotten) *(v.)* devenir ; obtenir
get away from s'éloigner de, s'échapper de
get better s'améliorer
get in touch with contacter
get out of s'échapper de
get someone into trouble créer des ennuis à qn
get the better of someone battre quelqu'un
get up se lever
ghostly *(adj.)* spectral
giant *(n., adj.)* géant ; gigantesque
glamorous *(adj.)* éblouissant
glass *(n.)* verre
glasses *(n. pl.)* lunettes
global warming *(n.)* réchauffement de la planète
gluttony *(n.)* goinfrerie
go (went, gone) *(v.)* aller
go away partir
go back retourner
go down descendre
go on continuer
go on and on ne pas arrêter (de parler, etc.)
go online se connecter à Internet
go up monter, augmenter
go up to approcher
goal *(n.)* but
goat *(n.)* chèvre
Gold Rush *(n.)* ruée vers l'or
golden *(adj.)* doré
good (at) bon (en)
good for him tant mieux pour lui
goods *(n. pl.)* biens
google *(v.)* chercher avec Google *(moteur de recherche)*
goose (*pl.* geese) *(n.)* oie
grade *(n.)* niveau
grape *(n.)* raisin
graphics *(n.)* art graphique
grass *(n.)* herbe
grateful *(adj.)* reconnaissant
gravy *(n.)* sauce
greed *(n.)* avidité
greenhouse effect *(n.)* effet de serre
green-skinned *(adj.)* à la peau verte
grid *(n.)* grille
grin *(v.)* faire un grand sourire
groan *(n.)* gémir
ground *(n.)* sol, terre
grow (grew, grown) *(v.)* croître, grandir ; devenir
grow dim s'assombrir
grow up grandir *(enfant)*
growth *(n.)* croissance
guess *(n., v.)* conjecture ; deviner, penser, supposer
guest *(n.)* invité ; client *(hôtel)*
gust *(n.)* rafale
guy *(n.)* type, mec

H

half *(n.)* moitié
handbag *(n.)* sac à main
handle *(n.)* poignée
hang (hung, hung) *(v.)* suspendre
Hang on! Attends !
hung up on obsédé par
happen *(v.)* se produire
harness *(n.)* harnais
harvest *(n., v.)* moisson ; récolter
hatter *(n.)* chapelier
have (had, had) *(v.)* avoir
have a good time bien s'amuser
have a look jeter un coup d'œil
have to devoir
hay *(n.)* foin
headmaster *(n.)* principal / directeur de collège
heal *(v.)* guérir
hear (heard, heard) *(v.)* entendre
heartbeat *(n.)* battement de cœur
heat *(n.)* chaleur
heater *(n.)* appareil de chauffage
heavy traffic *(n.)* circulation dense
height *(n.)* hauteur, taille
helmet *(n.)* casque
helpful *(adj.)* serviable
hen house *(n.)* poulailler
Here we go! C'est parti !
hide (away) *(v.)* se cacher
high *(adj.)* haut
high-pitched aigu, haut *(son)*
high school lycée *(UK)*, établissement d'enseignement secondaire *(US)*
high-speed à grande vitesse
hill *(n.)* colline
hit (hit, hit) *(n., v.)* coup ; frapper
hoax *(n.)* canular
hold (held, held) *(v.)* tenir
hold on ne pas quitter ; tenir bon
hole *(n.)* trou
holiday *(n.)* vacances
hollow *(adj.)* creux
holy *(adj.)* sacré
homeless *(adj.)* sans abri
honest *(adj.)* honnête
hope *(n., v.)* espoir ; espérer
horse *(n.)* cheval
housework *(n.)* ménage *(travail)*
however *(adv.)* cependant
huge *(adj.)* énorme
hum *(v.)* chantonner
human rights *(n.)* droits de l'homme
hunger *(n.)* faim
hunt *(v.)* chasser
hunting *(n.)* chasse
hurricane *(n.)* ouragan
hurry up *(v.)* se dépêcher
hurt (hurt, hurt) *(n., v.)* douleur ; blesser, faire mal à

I

ice cap *(n.)* calotte glacière
ignition *(n.)* allumage
illuminate *(v.)* éclairer
imprison *(v.)* emprisonner
inbox *(n.)* courrier « arrivée »
inch *(n.)* pouce *(mesure)*
include *(v.)* inclure, comprendre
increase *(v.)* augmenter
incredible *(adj.)* incroyable
indeed *(adv.)* en vérité, vraiment
Indian corn *(n.)* maïs
influential *(adj.)* influent
inhabitant *(n.)* habitant
inherit *(v.)* hériter de
inner *(adj.)* à l'intérieur
innovative *(adj.)* innovateur
intend *(v.)* avoir l'intention de
interior design *(n.)* décoration
Internet Service Provider (ISP) *(n.)* serveur
iron *(n.)* fer à repasser
island *(n.)* île
issue *(n., v.)* question, sujet ; sortir (un timbre…)
ivory *(n.)* ivoire

J

jazz up *(v.)* égayer
jealous *(adj.)* jaloux
jet *(n.)* avion à réaction
jetlag *(n.)* fatigue due au décalage horaire
jewellery *(n.)* bijoux
join *(v.)* rejoindre
joke *(n.)* plaisanterie, blague
jolly *(adj.)* sympathique, joyeux
journey *(n.)* voyage
judge *(n.)* juge, arbitre
juggle *(v.)* jongler
juggler *(n.)* jongleur
jump *(v.)* sauter
jumpsuit *(n.)* combinaison

K

be keen to tenir à
keep (kept, kept) *(v.)* garder
keep company tenir compagnie
keep away éloigner
keep in touch garder le contact
key *(n.)* clef ; touche
keyboard *(n.)* clavier
kid *(v.)* plaisanter
kill *(v.)* tuer
kind *(n.)* sorte
knapsack *(n.)* sac-à-dos
knee *(n.)* genou
knowledge *(n.)* connaissance(s)
knowledgeable *(adj.)* bien informé

L

label *(n.)* étiquette
labor *(US)*, **labour** *(UK)* *(n.)* travail, main d'œuvre
ladder *(n.)* échelle
lady *(n.)* dame
lagoon *(n.)* lagon
lake *(n.)* lac

lamb *(n.)* agneau
land *(n.)* terre(s)
landing strip *(n.)* terrain d'atterrissage
lane *(n.)* ruelle, chemin
laptop (computer) *(n.)* (ordinateur) portable
last *(adj., v.)* dernier ; durer
the latest *(adj.)* le plus récent
laugh at *(v.)* se moquer de
launch *(n., v.)* lancement ; lancer
launch pad plateforme de lancement
laundry basket *(n.)* panier à linge
law *(n.)* loi
lay (laid, laid) *(v.)* poser
lazy *(adj.)* paresseux
lead [liːd] **(led, led)** *(v.)* mener, conduire
lead [led] *(n.)* plomb ; mine (d'un crayon)
leaf *(pl.* **leaves)** *(n.)* feuille
leap (leaped / leapt, leaped / lept) *(n., v.)* bond ; bondir
learn (learned / learnt, learned / learnt) *(v.)* apprendre
leave (left, left) *(v.)* laisser
leek *(n.)* poireau
lemon meringue pie *(n.)* tarte au citron meringuée
lend (lent, lent) *(v.)* prêter
length *(n.)* longueur
lest *(conj.)* à moins que
let (let, let) *(v.)* laisser, permettre
let someone know informer quelqu'un
lettuce *(n.)* salade
library *(n.)* bibliothèque
lid *(n.)* couvercle
lie (lay, lain) *(v.)* être allongé
lie *(n.)* mensonge
lifestyle *(n.)* mode de vie
lifetime *(n.)* vie
lift *(v.)* soulever
lift off *(v.)* décoller
lift-off *(n.)* décollage
light *(n., adj.)* lumière ; léger, clair
light bulb ampoule
lights out extinction des feux
lighting *(n.)* éclairage
like *(prép.)* comme
line *(n.)* ligne ; vers (d'un poème…)
link *(v.)* associer, connecter
lipstick *(n.)* rouge à lèvres
listen (to) *(v.)* écouter
listener *(n.)* auditeur
living things *(n.)* organismes vivants
loads of *(dét.)* beaucoup de
lobster *(n.)* homard
locate *(v.)* situer
loch *(n.)* lac écossais
long for *(v.)* désirer
long *(adj., adv.)* long ; longtemps
go away for a long weekend faire le pont
look *(v.)* avoir l'air ; regarder
it looks as though on dirait que
look around jeter un coup d'œil
look for chercher
look forward to attendre avec impatience
look your best être en beauté / à son avantage
lose (lost, lost) *(v.)* perdre
lost property office *(n.)* bureau des objets trouvés
loud *(adj.)* fort *(bruit)*
lovely *(adj.)* beau, bon, délicieux
lucky *(adj.)* chanceux
lyrics *(n.)* paroles d'une chanson

M

mad *(adj.)* fou
magic *(n.)* magique
mail *(n.)* courrier, courriel
mailbox *(n.)* boîte à lettres
main *(adj.)* principal
make (made, made) *(v.)* faire
He didn't make it. Il ne s'en est pas sorti.
make up constituer
make up one's mind décider
mammal *(n.)* mammifère
man-eater *(n.)* anthropophage
mankind *(n.)* humanité
manned flight *(n.)* vol habité
manservant *(n.)* valet
map *(n.)* carte, plan
mark *(v.)* indiquer, marquer
market *(n.)* marché
marshmallow *(n.)* guimauve
mashed potato *(n.)* purée de pommes de terre
mass-produced *(adj.)* produit en série
material *(n.)* matériel, matière
matter *(n., v.)* matière ; avoir de l'importance
It doesn't matter. Ça ne fait rien.
maybe *(adv.)* peut-être
maze *(n.)* labyrinthe
meadow *(n.)* champ
meal *(n.)* repas
mean (meant, meant) *(v.)* signifier, vouloir dire
medicine *(n.)* médicament ; médecine
meet (met, met) *(v.)* rencontrer
meeting *(n.)* réunion
melt *(v.)* fondre
member *(n.)* membre
member state état membre
membership *(n.)* adhésion
mess *(n.)* désordre, fouillis
microwave *(n.)* micro-ondes
middle *(adj.)* milieu
Middle Ages Moyen Âge
middle school *(US)* collège
midnight *(adv.)* minuit
mike, microphone *(n.)* micro(phone)
mild *(adj.)* léger
mild-mannered doux
milk *(n., v.)* lait ; traire
mingle *(v.)* mélanger
mirror *(n.)* miroir
miss *(v.)* manquer
I miss you. Tu me manques.
mistake *(n.)* erreur
mix *(v.)* mélanger
mobile phone *(UK)* *(n.)* téléphone portable
mole *(n.)* taupe
monitor *(n.)* écran
monkey *(n.)* singe
mood *(n.)* humeur
moon *(n.)* lune
mostly *(adv.)* pour la plupart
moth *(n.)* papillon de nuit
mountain *(n.)* montagne
mouse pad *(n.)* tapis de souris
mouthpiece *(n.)* embout
move *(v.)* bouger, déménager, (se) déplacer
movie *(n.)* film
MP (Member of Parliament) *(n., UK)* député
murder *(v.)* assassiner
myself *(pron.)* moi-même
mystery *(n.)* mystère

N

naked *(adj.)* nu
native American *(n.)* amérindien
near *(adv., prép.)* près (de)
nearly *(adv.)* presque
need *(v.)* avoir besoin de
neighbour *(n.)* voisin
neighbourhood *(n.)* voisinage
neither *(adv.)* ni
network *(n.)* réseau
Newfoundland *(n.)* Terre-Neuve
news *(n. sing.)* nouvelles, informations
next *(adj.)* puis
nightmare *(n.)* cauchemar
nod *(v.)* faire oui de la tête
nose around *(v.)* fureter, fouiner
notice *(v.)* remarquer
novel *(n.)* roman
number pad *(n.)* pavé numérique

O

objective *(n.)* but, objectif
obviously *(adv.)* évidemment
occasionally *(adv.)* de temps en temps
occur *(v.)* se produire
officer *(n.)* agent, officier
off-season *(adj.)* hors saison
oil *(n.)* pétrole
oil spill marée noire
onion *(n.)* oignon
online *(adj., adv.)* en ligne
only *(adv.)* seulement
open *(v.)* ouvrir
opportunity *(n.)* occasion
organic *(adj.)* bio
originally *(adv.)* à l'origine
otter *(adj.)* loutre
outcheat *(v.)* se montrer plus tricheur et plus malin que
outer space *(n.)* espace intersidéral
outsmart *(v.)* se montrer plus malin que
oven *(n.)* four
over *(prép.)* par, pendant
over the centuries pendant des siècles
over the phone par téléphone
over the top exagéré
overlook *(v.)* donner sur
overnight *(adv.)* de nuit, la nuit

own *(adj.)* propre *(= qui appartient à)*
ozone layer *(n.)* couche d'ozone

P

pad *(n.)* plateforme
painting *(n.)* tableau
pants *(n. pl., US)* pantalon
parade *(n.)* défilé
parking lot *(n., US)* parking
parsnip *(n.)* panais
partly *(adv.)* en partie
partner *(n.)* partenaire
partridge *(n.)* perdrix
pass on *(v.)* transmettre (des informations…)
past *(n., adj., prép.)* passé ; du passé ; devant
patch *(n.)* champ, zone
pavement *(n., UK)* trottoir
pea *(n.)* (petit) pois
peaceful *(adj.)* paisible
peach *(n.)* pêche
peacock *(n.)* paon
pear *(n.)* poire
penfriend *(n.)* correspondant
people *(n. pl., v.)* gens, personnes ; peupler
perform *(v.)* se produire *(spectacle)*
performance *(n.)* représentation, spectacle
perhaps *(adv.)* peut-être
permit *(v.)* permettre
personality *(n.)* caractère, personnalité
pet *(n.)* animal de compagnie
physicist *(n.)* physicien
physics *(n.)* physique
pick up *(v.)* ramasser
piece *(n.)* morceau
pig *(n.)* cochon
pill *(n.)* pillule
pineapple *(n.)* ananas
it's a pity *(n.)* c'est dommage
plan *(v.)* planifier, envisager
play tricks on *(v.)* jouer des tours à
plug in *(v.)* brancher
plum *(n.)* prune
poaching *(n.)* braconnage
poisonous *(adj.)* vénimeux
poo *(n., fam.)* caca
pool *(n.)* étang, piscine
poor *(adj.)* pauvre
portal *(n.)* portail
post office *(n.)* la poste
postage stamp *(n.)* timbre-poste
postcard *(n.)* carte postale
postman *(n.)* facteur
pouch *(n.)* poche (de kangourou…)
poultry *(n.)* volaille
pour into *(v.)* se déverser dans
power *(n.)* énergie ; pouvoir
  power cut coupure de courant
  power station centrale électrique
powerful *(adj.)* puissant
practically *(adv.)* presque
prawn *(n.)* crevette (rose)
predict *(v.)* prédire
predictable *(adj.)* prévisible
prep *(n.)* devoirs
prescribe *(v.)* prescrire
preservation *(n.)* conservation
pressure *(n.)* pression
pretty *(adj.)* joli
prevent *(v.)* empêcher
previous *(adj.)* précédent
prey *(n.)* proie
print *(v.)* imprimer
  printing press presse d'imprimerie
prize *(n.)* prix (d'un concours)
  prize draw tombola, loterie
process *(n.)* procédure
produce *(v.)* produire
product *(n.)* produit
project *(n.)* projet
promote *(v.)* promouvoir
proof *(n.)* preuve(s)
property (n.) propriété
proposal *(n.)* proposition
protect *(v.)* protéger
proud *(adj.)* fier
prove *(v.)* prouver
public holiday *(n.)* jour férié
publish *(n.)* publier
publisher *(n.)* éditeur
pull *(v.)* tirer, retirer
pumpkin *(n.)* citrouille
purpose *(n.)* but, objectif
purr *(v.)* ronronner
put (put, put) *(v.)* mettre
  put away ranger
  put together assembler
  put up with supporter

Q

quarter *(n.)* quart ; quartier
queue *(v.)* faire la queue
quick *(adj.)* rapide
quiet *(n., adj.)* tranquillité ; silencieux, tranquille
quite *(adv.)* assez

R

racing car *(n.)* voiture de course
radish *(n.)* radis
railroad *(US)*, **railway** *(UK)* *(n.)* chemin de fer
rainforest *(n.)* forêt tropicale
raise *(v.)* lever, soulever ; trouver (de l'argent)
rate *(n.)* taux
rather *(adv.)* plutôt
ready-cooked *(adj.)* précuit
realise *(v.)* se rendre compte
realistic *(adj.)* réaliste
really *(adv.)* vraiment
reason *(n.)* raison
reasonable *(adj.)* raisonnable
reassuring *(adj.)* rassurant
rebellious *(adj.)* rebelle
receive *(v.)* recevoir
receiver *(n.)* combiné *(téléphone)* ; receveur
recipe *(n.)* recette
reckon *(v.)* penser, estimer
reconstruct *(v.)* reconstruire
record ['rekɔːd] *(n.)* disque
record [rɪ'kɔːd] *(v.)* enregistrer
recording *(n.)* enregistrement
redraw *(v.)* redessiner
reduce *(v.)* réduire
refer to *(v.)* faire référence à
regard *(v.)* considérer
registration plate *(n.)* plaque d'immatriculation
regulate *(v.)* régler
rehearse *(v.)* répéter
reign *(n.)* règne
related to lié à
relax *(v.)* se détendre
remain *(v.)* rester
remark *(v.)* constater
remind *(v.)* rappeler (qch. à qn)
remote *(adj.)* isolé
report card *(n.)* bulletin scolaire
require *(v.)* exiger, demander
research *(n., v.)* recherche(s) ; rechercher
resort *(n.)* centre de vacances
result *(n.)* résultat
return a call *(v.)* rappeler *(au téléphone)*
return key (n.) touche entrée
reunify *(v.)* réunifier
ribbon *(n.)* ruban
riddle *(n.)* énigme
ride (rode, ridden) *(v.)* monter à
ring (rang, rung) *(v.)* sonner ; appeler par téléphone
  give me a ring appelle-moi
  that rings a bell cela me rappelle quelque chose
rise (rose, risen) *(v.)* monter, s'élever
riverbank *(n.)* berge
roam *(v.)* parcourir, errer dans
roar *(v.)* rugir
rock-climbing escalade
rocket *(n.)* fusée
rocky *(n.)* rocheux
roof *(n.)* toit
roommate *(n.)* personne avec qui on partage un logement
rooted to the spot cloué sur place
rope *(n.)* corde
roundup *(n.)* rassemblement
route *(n.)* itinéraire
row [rəʊ] *(n.)* rangée
row [raʊ] *(n.)* dispute
rule *(n., v.)* règlement ; régner
run (run, run) *(v.)* courir, rouler
  run away s'échapper en courant
rush *(n.)* ruée

S

sacred *(adj.)* sacré
sadness *(n.)* tristesse
safe *(adj.)* sûr, en sécurité
safety / seat belt *(n.)* ceinture de sécurité
sales assistant *(n.)* vendeur, vendeuse
save *(v.)* sauver
scenery *(n.)* paysage, vue
scent *(n.)* parfum
schedule *(n.)* horaire
scholarship *(n.)* bourse d'études
scrambled *(adj.)* brouillé
screen *(n.)* écran
screw up *(v.)* gâcher
scroll up / down *(v.)* dérouler
sea level *(n.)* niveau de la mer
seal *(n.)* phoque
season *(n.)* saison
seat *(n.)* siège
secondary school *(UK)* *(n.)* collège / lycée
see (saw, seen) *(v.)* voir

see to s'occuper de
seedless *(adj.)* sans pépins
seem *(v.)* paraître, sembler
seldom *(adv.)* rarement
self-catering *(adj.)* indépendant
semi-final(s) *(n.)* demi-finale
send (sent, sent) *(v.)* envoyer
sense *(n.)* sens
sensible *(adj.)* raisonnable
sensitive *(adj.)* sensible
separate *(adj.)* séparé
series *(n. inv.)* série
serious *(adj.)* grave
set (set, set) *(v.)* mettre, placer, poser
set an example donner l'exemple
set free libérer
set the table mettre la table
set up installer
settle *(v.)* s'installer
settler *(n.)* colon
sewing machine *(n.)* machine à coudre
shadow *(n.)* ombre
shake (shook, shaken) *(v.)* secouer ; serrer (shake hands)
shape *(n.)* forme
share *(v.)* partager
sharp *(adj.)* aiguisé ; malin, malhonnête
shed (shed, shed) *(v.)* perdre *(plumes)*
sheet *(n.)* drap ; feuille
shelf *(n.)* étagère
shift key *(n.)* touche majuscule
shipping *(n.)* transport maritime
shock *(v.)* bouleverser
shoot at *(v.)* tirer sur
shore *(n.)* rivage
short story *(n.)* nouvelle
shortly *(adv.)* bientôt
shoulder-length *(adj.)* qui arrive aux épaules
show (showed, shown) *(n., v.)* spectacle ; montrer
show off faire étalage de
shrink (shrank, shrunk) *(v.)* rétrécir
shuttle *(n.)* navette
shy *(adj.)* timide
sick *(adj.)* malade
side dish *(n.)* plat d'accompagnement
sign *(n., v.)* panneau ; signer
silent *(adj.)* silencieux
silicon *(n.)* silicium
silk *(n.)* soie
single *(adj.)* seul
situate *(v.)* situer
size *(n.)* taille, pointure
skeleton *(n.)* squelette
skin *(n.)* peau
slam *(v.)* claquer *(porte)*
slightly *(adv.)* un peu
smart *(adj.)* intelligent, rusé
smelly *(adj.)* qui sent mauvais
smoke *(n., v.)* fumée ; fumer
smoky *(adj.)* enfumé
smooth *(adj.)* lisse ; sans accrocs
snake *(n.)* serpent
snorkelling *(n.)* nager sous l'eau avec un tuba
so *(conj., adv.)* donc ; si, ainsi
so far jusqu'à maintenant
sock *(n.)* chaussette
soft *(adj.)* doux, mou
soil *(n.)* sol
solve *(v.)* résoudre
soon *(adv.)* bientôt
sorrow *(n.)* tristesse
soul *(n.)* âme
sound (n.) son, bruit
sound like *(v.)* sembler (à l'oreille)
space *(n.)* espace
space bar touche espace
space flight vol spatial
spacecraft, spaceship *(n.)* vaisseau spatial
span *(n.)* écart ; envergure
life span durée de vie
speak (spoke, spoken) *(v.)* parler
species *(n. inv.)* espèce
speech *(n.)* élocution
speed *(n.)* vitesse
spell check *(n.)* vérificateur d'orthographe
spelling *(n.)* orthographe
spider *(n.)* araignée
spirit *(n.)* esprit
spit *(n., v.)* salive ; saliver
be the spitting image of … être … tout craché
sponsor *(v.)* sponsoriser
spray *(v.)* asperger, vaporiser
spread (spread, spread) *(v.)* étaler, étendre
stable *(n.)* étable
stage *(n.)* étape
stain *(n.)* tache
stare *(v.)* regarder fixement
starting point *(n.)* point de départ
state *(n.)* état
stately *(adj.)* majestueux
stay *(n., v.)* séjour ; rester
steam *(n.)* vapeur
steel *(n.)* acier
step *(n.)* étape ; pas
step on *(v.)* marcher sur
still *(adv.)* encore
stink *(n., v.)* mauvaise odeur ; sentir mauvais
stoat *(n.)* hermine
stone *(n.)* caillou
store *(n., v.)* magasin ; stocker
storm *(n.)* tempête
story, storyline *(n.)* histoire
storyteller *(n.)* narrateur, conteur
straight *(adj., adv.)* droit
straight on tout droit
straight to directement à
strange *(adj.)* étrange
strap *(n.)* lanière
street car *(n., US)* tramway
stripe *(n.)* rayure
strong *(adj.)* fort
stuff *(n.)* choses, trucs
stuffing *(n.)* farce
stump *(n.)* souche
successful *(adj.)* qui réussit
suddenly *(adv.)* soudain
suit of armour *(n.)* armure
summary *(n.)* sommaire
sunset *(n.)* coucher du soleil
surround *(v.)* entourer
surroundings *(n. pl.)* environnement
survive *(v.)* survivre
swan *(n.)* cygne
sway *(v.)* se balancer
sweater *(n.)* pullover
sweet potato *(n.)* patate douce
switch (n.) interrupteur
switch off / on *(v.)* éteindre / allumer
swivel around *(v.)* pivoter

T

tackle *(v.)* aborder, combattre
tail *(n.)* queue
take (took, taken) *(v.)* prendre
take care of prendre soin de
take a trip faire un voyage
take an interest in s'intéresser à
take off enlever *(vêtement…)*, décoller *(avion)*
take out sortir (de sa poche…)
take part in participer à
take place avoir lieu
take to pieces démonter (un objet)
tale *(n.)* récit
talented *(adj.)* talentueux
Talk to you soon. À bientôt. *(au téléphone)*
tank *(n.)* char
tap *(v.)* exploiter, tirer profit de
target *(n.)* cible
taste (n.) goût
teach (taught, taught) *(v.)* enseigner, apprendre
teenager *(n.)* adolescent
tell (told, told) *(v.)* dire, raconter
term *(n.)* terme, condition ; trimestre
territory *(n.)* territoire
test tube *(n.)* éprouvette
text *(v.)* envoyer un SMS
Thanks for calling. Merci d'avoir appelé / de ton appel.
thatched *(adj.)* en chaume
thick *(adj.)* épais
thief (*pl.* thieves) *(n.)* voleur
thin *(adj.)* mince
think (thought, thought) *(v.)* penser, réfléchir
I don't think so. Je ne le pense pas.
think about penser à
Third World *(n.)* Tiers Monde
though *(conj.)* bien que
as though comme si
thought *(n.)* pensée
threat *(n.)* menace
threaten *(v.)* menacer
throw (threw, thrown) *(v.)* jeter
thud *(n.)* bruit sourd
tick out *(v.)* passer (en fasant tic-tac)
tidy (up) *(v., adj.)* ranger ; bien rangé
timber *(n.)* bois
timeline *(n.)* frise chronologique
timetable *(n.)* horaire
tireless *(adj.)* infatigable
title *(n.)* titre
toad *(n.)* crapaud
ton *(n.)* tonne
tool *(n.)* outil

top *(n., adj.)* haut, sommet ; maximal, supérieur
topic *(n.)* sujet
torch *(n.)* lampe de poche
touch *(n., v.)* touche, contact ; toucher
be in touch contacter
tower *(n.)* tour *(f.)*
trade *(n.)* commerce
trader *(n.)* commercant
trading post *(n.)* comptoir commercial
traffic *(n.)* circulation
traffic jam embouteillage
traffic light(s) feux *(circulation)*
train *(n., v.)* train ; dresser, former
transmit *(v.)* transmettre
trap *(v.)* piéger
trash (n.) ordures, déchets
travel *(n., v.)* les voyages ; voyager
trawling *(n.)* pêche au chalut
treat *(v.)* traiter
tribe *(n.)* tribu
trickster *(n.)* filou, escroc
tricky *(adj.)* malin
trimmings *(n.)* garniture, accessoires
trip *(n.)* voyage
trophy *(n.)* trophée, coupe
trouble *(n., v.)* ennuis ; troubler, déranger
true-to-life fidèle à la réalité
truly *(adv.)* vraiment
trunk *(n.)* trompe (d'éléphant)
trust with *(v.)* confier à
trusting *(adj.)* qui a confiance
try *(v.)* essayer
tune *(n.)* air
turkey *(n.)* dinde, dindon
turn into *(v.)* se transformer en
turtle *(n.)* tortue marine
type *(v.)* saisir (au clavier)

U

ugly *(adj.)* laid
unable *(adj.)* incapable
underline *(v.)* souligner
understandable *(adj.)* compréhensible
unfortunately, unluckily *(adv.)* malheureusement
unpack *(v.)* défaire sa valise
unplug *(v.)* débrancher
unprecedented *(adj.)* sans précédent
unpredictable *(adj.)* imprévisible
untidy *(adj.)* mal rangé, désordonné
until *(prép.)* jusqu'à
urge *(v.)* encourager
useful *(adj.)* utile
useless *(adj.)* inutile, nul

V

vacation *(n.)* vacances
vacuum *(v.)* aspirer, passer l'aspirateur
valuable *(adj.)* qui a de la valeur
vanish *(v.)* disparaître
vary *(v.)* varier
vegetable *(n.)* légume
venison *(n.)* (viande du) chevreuil
verse *(n.)* couplet
vet *(n.)* vétérinaire
Victorian *(adj.)* de l'époque victorienne (1837-1901)
view *(n.)* vue
vinegar *(n.)* vinaigre
VIP (= very important person) *(n.)* personnage important, personnalité
visit *(n., v.)* visite ; rendre visite à, visiter
voice *(n.)* voix

W

wait (for) *(v.)* attendre
wake up (woke, woken) *(v.)* (se) réveiller
walk *(v.)* marcher, se promener
wall *(n.)* mur
wallet *(n.)* portefeuille
wallpaper *(n.)* papier peint
walnut *(n.)* noix
wander *(v.)* errer
war *(n.)* guerre
warmth *(n.)* chaleur
warn *(v.)* avertir
waste (products) *(n.)* déchets, ordures
water fowl *(n.)* oiseau(x) aquatique(s)
wave *(n.)* vague
way of life *(n.)* mode de vie
wealthy *(adj.)* aisé, riche
wear (wore, worn) *(v.)* porter (un vêtement)
weasel *(n.)* belette
web *(n.)* toile (d'araignée)
weight *(n.)* poids
wetlands *(n.)* marécage
wheat *(n.)* blé
wheel *(n.)* roue
whenever *(adv.)* à chaque fois que
while *(conj.)* pendant que
all this while pendant tout ce temps
whirl *(v.)* tourbillonner
whirr *(v.)* ronfler *(moteur)*
white-water rafting *(n.)* rafting en eau vive
whole *(adj.)* entier
wild *(adj.)* sauvage
wilderness *(n.)* pays désert
wildlife *(n.)* faune
win (won, won) *(v.)* gagner (un prix…)
wind power *(n.)* énergie du vent
wire *(n.)* fil de fer
witch *(n.)* sorcière
withstand (withstood, withstood) *(v.)* supporter
wizard *(n.)* sorcier
wonder *(n., v.)* merveille ; se demander
wonderful *(adj.)* merveilleux
wood *(n.)* bois
woodpecker *(n.)* pivert
woolly *(adj.)* laineux, frisé
work experience *(n.)* stage en entreprise
worm *(n.)* vers de terre
worry *(v.)* s'inquiéter
be worth valoir

Y

yell *(v.)* hurler
Yours sincerely Salutations distinguées, Cordialement…

A

accepter *(v.)* agree to
acier *(n.)* steel
adhésion *(n.)* membership
adolescent *(n.)* teenager
adresse *(n.)* address
adresser *(v.)* address
affaire *(n.)* affair ; deal
affectueux affectionate
affreux *(adj.)* awful
agenda *(n.)* diary
agent *(n.)* officer
agir *(v.)* act
agneau *(n.)* lamb
aigle *(n.)* eagle
aigu *(adj.)* sharp, high-pitched
aiguisé sharp
aimer *(v.)* be fond of, care about, enjoy, like, love
aîné *(adj.)* eldest
ainsi *(adv.)* so
air *(n.)* air ; tune *(music)*
  avoir l'air look
airelle *(n.)* cranberry
aisé *(adj.)* wealthy
alimentation *(n.)* food
allumage *(n.)* ignition
allumer *(v.)* switch on
âme *(n.)* soul
s'améliorer *(v.)* get better
amener *(v.)* bring
amérindien *(n., adj.)* native American
amical *(adj.)* friendly
(trop) ample *(adj.)* baggy
amplificateur *(n.)* amplifier
ampoule *(n.)* (light) bulb
s'amuser *(v.)* have a good time
ananas *(n.)* pineapple
ancêtre *(n.)* ancestor
ancre *(n.)* anchor
anguille *(n.)* eel
animal de compagnie *(n.)* pet
annuler *(v.)* cancel
anthropophage *(n., adj.)* man-eater
apparaître *(v.)* appear
appareil *(n.)* device
  appareil de chauffage heater
apparemment *(adv.)* apparently
appartenir *(v.)* belong
appel *(n.)* call
appeler *(v.)* call, ring *(phone)*
  appelle-moi give me a ring
  Merci d'avoir appelé / de ton appel. Thanks for calling.
apporter *(v.)* bring
apprendre *(v.)* learn; teach
approcher *(v.)* go up to
après *(prép., adv.)* after, afterwards
araignée *(n.)* spider
armée de l'air *(n.)* air force
armure *(n.)* suit of armour
arriver *(v.)* arrive; happen
art *(n.)* art
  art dramatique drama
  art graphique graphics
asperger *(v.)* spray
aspirer *(v.)* vacuum
assassiner *(v.)* murder
assembler *(v.)* put together
assez *(adv.)* quite
association humanitaire *(n.)* charity
associer *(v.)* link
s'assombrir *(v.)* grow dim
assurer *(v.)* ensure
attacher *(v.)* attach, fasten
attendre *(v.)* wait (for)
  attendre avec impatience look forward to
  Attends ! Hang on!
  s'attendre à expect
attirer *(v.)* attract
attraper *(v.)* catch
auditeur *(n.)* listener
augmenter *(v.)* go up, increase
auteur *(n.)* author
autour de around
d'autre *(adj.)* else
avance rapide *(n.)* fast forward
(d')avant-garde fringe *(theatre)*
avertir *(v.)* warn
aveugle *(adj.)* blind
avidité *(n.)* greed
avion à réaction *(n.)* jet

B

babouin *(n.)* baboon
baie *(n.)* berry
se baigner *(v.)* bathe
se balancer *(v.)* sway
bande dessinée *(n.)* comic
bateau de pêche *(n.)* fishing boat
battement de cœur *(n.)* heartbeat
battre *(v.)* beat, get the better of
bavarder *(v.)* chat
beau *(adj.)* beautiful, fine, lovely
beaucoup de loads of
belette *(n.)* weasel
berge *(n.)* riverbank
béton *(n.)* concrete
biberon *(n.)* bottle
bibliothèque *(n.)* library
bien que (al)though
biens *(n. pl.)* goods
bientôt *(adv.)* shortly, soon
  À bientôt. *(téléphone)* Talk to you soon.
bijoux *(n.)* jewellery
bio *(adj.)* organic
blague *(n.)* joke
blaireau *(n.)* badger
blé *(n.)* wheat
blesser *(v.)* hurt
blond *(adj.)* fair
bois *(n.)* timber, wood
boisson *(n.)* beverage
boîte à lettres *(n.)* mailbox
bol *(n.)* bowl
bon (en) good (at)
bond *(n.)* leap
bondir *(v.)* leap
botte *(n.)* boot
bouger *(v.)* move
bougie *(n.)* candle
bouleverser *(v.)* shock
bourse universitaire *(n.)* scholarship
boussole *(n.)* compass
bouteille *(n.)* bottle
braconnage *(n.)* poaching
brancher *(v.)* plug in
  branché *(mode)* funky
bref *(adj.)* brief
brillant *(adj.)* bright, brilliant
brosser *(v.)* brush
brouillard *(n.)* fog
brouillé *(adj.)* scrambled
bruit *(n.)* sound
  bruit sourd thud
brûler *(v.)* burn
buffle *(n.)* buffalo
bulle *(n.)* bubble
bulletin scolaire *(n.)* report card
bureau des objets trouvés *(n.)* lost property office
but *(n.)* goal, objective, purpose

C

caca *(n.)* poo
se cacher *(v.)* hide (away)
caillou *(n.)* stone
calculer *(v.)* compute
câlin *(adj.)* cuddly
calotte glacière *(n.)* ice cap
campagne *(n.)* campaign; country(side)
canalisation *(n.)* drain
canular *(n.)* hoax
capacité *(n.)* ability
caractère *(n.)* personality
carte *(n.)* card, map
  carte postale postcard
casque *(n.)* helmet
casser *(v.)* break
catégoriser *(v.)* classify
cauchemar *(n.)* nightmare
ceinture de sécurité *(n.)* safety / seat belt
cendres *(n.)* ashes
censé *(adj.)* supposed to
centrale électrique *(n.)* power station
centre de vacances *(n.)* resort
cependant *(conj.)* however
cerf *(n.)* deer
cerise *(n.)* cherry
cerveau *(n.)* brain
chair *(n.)* flesh
chaleur *(n.)* heat, warmth
champ *(n.)* field, meadow
chance *(n.)* chance
chanceux lucky
chantonner *(v.)* hum
chapelier *(n.)* hatter
char *(n.)* tank
charbon *(n.)* coal
chargeur de batterie(s) *(n.)* battery charger
chasse *(n.)* hunting
chasser *(v.)* hunt
châtaigne *(n.)* chestnut
en chaume thatched
chaussette *(n.)* sock
chemin *(n.)* lane, path
  chemin de fer railroad *(US)*, railway *(UK)*
chercher *(v.)* look for
cheval *(n.)* horse
chèvre *(n.)* goat
(viande du) chevreuil *(n.)* venison
chiffre *(n.)* figure
chimie *(n.)* chemistry
chimiste *(n.)* chemist
choisir *(v.)* choose
cible *(n.)* target
circulation dense *(n.)* heavy traffic
citoyen *(n.)* citizen
citrouille *(n.)* pumpkin

clair *(adj.)* bright, clear, fair, light
claquer *(porte)* slam
classifier *(v.)* classify
clavier *(n.)* keyboard
clef *(n.)* key
client *(n.)* customer, guest *(hotel)*
cliquer *(v.)* **sur** click on
cloche *(n.)* bell
cloué sur place rooted to the spot
cochon *(n.)* pig
colère *(n.)* anger
en colère annoyed
collecter des fonds fundraising
collège *(n.)* middle school *(US)*, secondary school *(UK)*
colline *(n.)* hill
colon *(n.)* settler
coloré *(adj.)* colourful
combattre *(v.)* fight, tackle
combinaison *(n.)* body suit, jumpsuit
combiné *(n.)* receiver
combustible fossile *(n.)* fossil fuel
comique *(adj.)* comedian
comme si as if / though
comme *(conj.)* like
commencer *(v.)* begin
commercant *(n.)* trader
commerce *(n.)* trade
compagnie *(n.)* company
compagnie aérienne airline
compas *(n.)* compass
complètement *(adv.)* entirely
compléter *(v.)* *(formulaire)* fill in
se comporter *(v.)* behave
compréhensible *(adj.)* understandable
comprendre *(v.)* include
compte à rebours *(n.)* countdown
compter *(v.)* count
comptoir commercial *(n.)* trading post
conception *(n.)* design
concevoir *(v.)* conceive, design, devise
condition *(n.)* term
conduire *(v.)* drive; lead [liːd]
confiance *(n.)* confidence
confier à *(v.)* trust with
conflit *(n.)* conflict
(con)fratérnité *(n.)* brotherhood
conjecture *(n.)* guess
connaissance(s) *(n.)* knowledge
connecter *(v.)* connect, link
se connecter à Internet go online
conquérir *(v.)* conquer
consacrer *(v.)* dedicate
conscience *(n.)* awareness
conscient *(adj.)* aware
conseiller *(n.)* adviser *(UK)*, advisor *(US)*
conseiller d'orientation careers advisor
consentir *(v.)* consent
conservation *(n.)* preservation
considérablement *(adv.)* extensively
considérer *(v.)* consider, regard
consister en *(v.)* consist of
consommer *(v.)* consume
constater *(v.)* notice, remark
constituer *(v.)* make up
construire *(v.)* build
contacter *(v.)* be / get in touch (with), contact
conte de fées *(n.)* fairy tale
contenir *(v.)* contain
conteur *(n.)* storyteller
continuer *(v.)* carry / go on, continue
contrôle *(n.)* control
convaincant *(n.)* convincing
convenir à *(v.)* be suitable for, fit
coquille d'œuf *(n.)* eggshell
corde *(n.)* rope
Cordialement *(adv.)* *(lettre)* Yours sincerely
correspondant *(n.)* penfriend
corriger *(v.)* correct
à côté de *(prép.)* by, next to
côte *(n.)* coast
couche d'ozone *(n.)* ozone layer
coucher du soleil *(n.)* sunset
coude *(n.)* elbow
couler *(v.)* flow
couloir *(n.)* corridor
coup *(n.)* hit
coupe *(n.)* trophy
couper *(v.)* cut
couplet *(n.)* verse
coupure de courant *(n.)* power cut
cour de ferme *(n.)* farmyard
courageux *(adj.)* brave
courir *(v.)* run
courriel *(n.)* email, mail
courrier *(n.)* mail, post
court *(adj.)* brief, short
couvercle *(n.)* lid
cracher *(v.)* spit
être … tout craché be the spitting image of …
craindre *(v.)* fear
crapaud *(n.)* toad
créer *(v.)* create
créer des ennuis à quelqu'un get someone into trouble
crépuscule *(n.)* dusk
creux *(adj.)* hollow
crevette (rose) *(n.)* prawn
croire (à) *(v.)* believe (in)
croissance *(n.)* growth
croitre *(v.)* grow
croquant *(adj.)* crunchy
cuisine *(n.)* cooking; kitchen
cuivre *(n.)* copper
culte *(n.)* cult
cygne *(n.)* swan

D

d'abord *(adv.)* first (of all)
dame *(n.)* lady
débarrasser *(v.)* *(table)* clear
débrancher *(v.)* unplug
début *(n.)* beginning
déchets *(n.)* trash, waste (products)
décider *(v.)* make up one's mind
décollage *(n.)* lift-off
décoller *(v.)* take off *(plane)*, lift off *(rocket)*
décoration *(n.)* interior design
découverte *(n.)* discovery
découvrir *(v.)* find out
dédier *(v.)* dedicate
défaire *(v.)* **ses valises** unpack
défenseur de l'environnement conservationist
défi *(n.)* challenge
défilé de mode *(n.)* fashion parade / show
dégâts *(n.)* damage
se déguiser *(v.)* dress up
déjà *(adv.)* already
délicieux *(adj.)* delicious
demande *(n.)* **(d'emploi…)** application
demander *(v.)* ask; require
se demander wonder
déménager *(v.)* move
demi-finale *(n.)* semi-final(s)
démonter *(v.)* take to pieces
se dépêcher *(v.)* hurry up
(se) déplacer *(v.)* move
député *(n.)* MP (Member of Parliament) *(UK)*
déranger *(v.)* disturb, trouble
dérouler *(v.)* scroll up / down
descendre *(v.)* go down
désirer *(v.)* long for
désordonné *(adj.)* untidy
désordre *(n.)* mess
dessiner *(v.)* design, draw
destiné *(adj.)* **à** destined for
se détendre *(v.)* relax
détresse *(n.)* distress
détruire *(v.)* destroy
devenir *(v.)* become, get, grow
se déverser dans *(v.)* pour into
dévier *(v.)* divert
deviner *(v.)* guess
devoir *(v.)* have to
devoirs *(n.)* homework, prep
diabolique *(adj.)* fiendish
diffusion *(n.)* circulation
dinde, dindon *(n.)* turkey
diplôme (universitaire) *(n.)* degree
directement *(adv.)* **à** straight to
discours *(n.)* address
discuter de *(v.)* discuss
disparaître *(v.)* die out, disappear, vanish
disparu *(espèce)* extinct
disparition *(n.)* *(espèce)* extinction
en voie de disparition endangered
disponible *(adj.)* available
dispute *(n.)* row [raʊ]
disque *(n.)* record ['rekɔːd]
à distance at arm's length
distinguer *(v.)* distinguish
c'est dommage it's a pity
faire don de donate
données *(n.)* data
donner *(v.)* give, set
donner sur overlook
doré *(adj.)* golden
dortoir *(n.)* dorm(itory)

dossier *(n.)* file
douleur *(n.)* ache, pain
doux *(adj.)* gentle, mild-mannered, soft
drap *(n.)* sheet
drapeau *(n.)* flag
dresser *(v.)* train
droit *(adj.)* straight
 tout droit straight on
droits de l'homme *(n.)* human rights
durée de vie *(n.)* life span
durer *(v.)* last

E

eau douce *(n.)* freshwater
éblouissant *(adj.)* glamorous
échanger *(v.)* exchange
s'échapper de *(v.)* get / run away from, get out of
échecs *(n.)* *(jeu)* chess
échelle *(n.)* ladder
éclairage *(n.)* lighting
éclairer *(v.)* illuminate
éclat *(n.)* blaze, flash
éclatant *(adj.)* bright
éclater *(v.)* burst
écorce *(n.)* bark
écouter *(v.)* listen (to)
écran *(n.)* monitor, screen
éditeur *(n.)* publisher
éduquer *(v.)* bring up
effacer *(v.)* delete
effet *(n.)* effect
 effet de serre greenhouse effect
égayer *(v.)* jazz up
élever *(v.)* bring up
 s'élever rise
élire *(v.)* elect
élocution *(n.)* speech
éloigner *(v.)* keep away
 s'éloigner de get away from
embout *(n.)* mouth-piece
embouteillage *(n.)* traffic jam
empêcher *(v.)* prevent
empreinte de pied *(n.)* footprint
emprisonner *(v.)* imprison
encombré *(route)* congested
encombrement *(n.)* congestion
encore *(adv.)* still
encourager *(v.)* urge
endommager *(v.)* damage
énergie *(n.)* power
 énergie du vent wind power
enfance *(n.)* childhood
enfin *(adv.)* finally
enfumé *(adj.)* smoky
énigme *(n.)* riddle
enlever *(v.)* *(vêtement)* take off
ennuis *(n.)* trouble
 avoir des ennuis be in trouble
ennuyeux *(adj.)* boring
énorme *(adj.)* huge
enregistrement *(n.)* recording
enregistrer *(v.)* record [rɪˈkɔːd]
enseigner *(v.)* teach
entendre *(v.)* hear
entier *(adj.)* whole
entièrement *(adv.)* entirely
entourer *(v.)* surround
entrée *(n.)* gateway *(outside)*, hall
entreprise *(n.)* company
entrer (dans) *(v.)* enter
 entrer en collision collide
environnement *(n.)* environment, surroundings
envisager *(v.)* plan
envoyer *(v.)* send
 envoyer un SMS text
épais *(adj.)* thick
éprouvette *(n.)* test tube
équipage *(n.)* crew
équipement *(n.)* equipment, facility
équitable *(adj.)* fair
errer (dans) *(v.)* wander
erreur *(n.)* mistake
escalade *(n.)* rock-climbing
escroc *(n.)* trickster
espace *(n.)* space
 espace intersidéral outer space
espèce *(n.)* species
espérer *(v.)* hope
espoir *(n.)* hope
esprit *(n.)* spirit
essayer *(v.)* try
essor *(n.)* boom
estimer *(v.)* estimate, reckon
étable *(n.)* stable
établir *(v.)* establish
étagère *(n.)* shelf
faire étalage de show off
étaler *(v.)* spread
étang *(n.)* pool
étape *(n.)* stage, step
état *(n.)* state
 état membre member state
éteindre *(v.)* switch off
étendre *(v.)* spread
étiquette *(n.)* label
étrange *(adj.)* strange
étranger *(n., adj.)* foreigner; foreign
éveillé *(adj.)* awake
événement *(n.)* event
évidemment *(adv.)* obviously
éviter *(v.)* avoid
évoluer *(v.)* evolve
exagéré *(adj.)* exaggerated, over the top
exciter *(v.)* excite
exiger *(v.)* demand, require
exister *(v.)* be around, exist
expérience *(n.)* experiment; experience
expérimenter *(v.)* experiment; experience
explication *(n.)* explanation
expliquer *(v.)* explain
exploiter *(v.)* exploit, tap *(resources)*
exploser *(v.)* explode
exposition *(n.)* display, exhibition
exprimer *(v.)* express
expulser *(v.)* expel
extinction des feux *(n.)* lights out
extrait *(n.)* extract
extraterrestre *(n.)* alien

F

facteur *(n.)* postman
faible *(adj.)* dim *(light)*, weak
faim *(n.)* hunger
en fait actually
se faner *(v.)* fade
farce *(n.)* *(viande…)* stuffing
faune *(n.)* wildlife
fer à repasser *(n.)* iron
féroce *(adj.)* ferocious
festin *(n.)* feast
feu *(n.)* fire
 feu d'artifice firework
 feu de camp campfire
 feux *(circulation)* traffic light(s)
feuille *(n.)* leaf; sheet *(paper)*
fidèle *(adj.)* **à la réalité** true-to-life
fier *(adj.)* proud
fil de fer *(n.)* wire
film d'animation *(n.)* cartoon film
filou *(n.)* trickster
foin *(n.)* hay
foncé *(adj.)* deep
fond *(n.)* bottom
 au fond basically
fonder *(v.)* found
fondre *(v.)* melt
forêt tropicale *(n.)* rain-forest
forme *(n.)* shape
former *(v.)* train
formulaire form
formule *(n.)* formula
fort *(adj.)* loud *(noise)*, strong
forteresse *(n.)* fort
fou *(adj.)* crazy, mad
fouillis *(n.)* mess
fouiner *(v.)* nose around
four *(n.)* oven
fourrure *(n.)* fur
frapper *(v.)* hit
frise chronologique *(n.)* timeline
frisé *(adj.)* woolly
fumée *(n.)* smoke
fumer *(v.)* smoke
fureter *(v.)* nose around
fureur *(n.)* fury
fusée *(n.)* rocket
 fusée de lancement booster

G

gâcher *(v.)* screw up
gagner *(v.)* **(un prix…)** win
garder le contact *(v.)* keep in touch
garniture *(n.)* trimmings
géant *(n.)* giant
geler *(v.)* freeze
gémir *(v.)* groan
génétiquement modifié *(adj.)* genetically engineered
genou *(n.)* knee
gigantesque *(adj.)* giant
gland *(n.)* acorn
goinfrerie *(n.)* gluttony
goût *(n.)* taste
grandir *(v.)* grow (up)
grange *(n.)* barn
gratuit *(adj.)* free
grave *(adj.)* serious
grille *(n.)* grid
grimper (sur) *(v.)* climb
groupe *(n.)* band, group
grue *(n.)* crane

guérir *(v.)* heal
guerre *(n.)* war
guimauve *(n.)* marshmallow

H

habitant *(n.)* inhabitant
haricot *(n.)* bean
harnais *(n.)* harness
haut *(n., adj.)* top ; high, high-pitched *(sound)*
hauteur *(n.)* height
hébergement *(n.)* accommodation
herbe *(n.)* grass
hériter de *(v.)* inherit
hermine *(n.)* stoat
heureusement *(adv.)* fortunately
histoire *(n.)* story, storyline
homard *(n.)* lobster
honnête *(adj.)* honest
honnêtement *(adv.)* frankly
horaire *(n.)* schedule, timetable
humanité *(n.)* mankind
humeur *(n.)* mood
hurler *(v.)* bellow, yell

I

ignorer *(v.)* be unaware of
île déserte *(n.)* desert island
imprévisible *(adj.)* unpredictable
imprimer *(v.)* print
incapable *(adj.)* unable
incendie *(n.)* fire
incinérer *(v.)* cremate
inclure *(v.)* include
inconvénient *(n.)* drawback
incroyable *(adj.)* incredible
indépendant *(adj.)* self-catering
indication *(n.)* clue
indiquer *(v.)* mark
infatigable *(adj.)* tireless
influent *(adj.)* influential
informations *(n.)* news
informatique *(n.)* computer science *(study subject)*
informer *(v.)* let … know
ingénieur *(n.)* engineer
ingénieurie *(n.)* engineering
innovateur *(adj.)* innovative
inondation *(n.)* flood
s'inquiéter *(v.)* worry
installation *(n.)* facility
installer *(v.)* set up
  s'installer settle
instruire *(v.)* educate
intelligent *(adj.)* clever, intelligent, smart
interdit *(adj.)* forbidden
s'intéresser à *(v.)* take an interest in
à l'intérieur *(adj., adv.)* inner, inside
interrupteur *(n.)* switch
inutile *(adj.)* useless
invité *(n.)* guest
isolé *(adj.)* remote
itinéraire route
ivoire *(n.)* ivory

J

jaloux *(adj.)* envious, jealous
jardinage *(n.)* gardening
jeter *(v.)* throw (threw, thrown)
  jeter un coup d'œil have a look, look around
jongler *(v.)* juggle
jongleur *(n.)* juggler
jouer *(v.)* **(la comédie)** act
  jouer des tours à play tricks on
jour férié *(n.)* bank holiday *(UK)*, public holiday
juge *(n.)* judge
jusqu'à *(prép.)* until
  jusqu'à maintenant so far
juste *(adj.)* fair; just

L

labyrinthe *(n.)* maze
lac *(n.)* lake
lagon *(n.)* lagoon
laid *(adj.)* ugly
laineux *(adj.)* woolly
laisser *(v.)* leave, let
  laisser tomber drop
laiton *(n.)* brass
lampe de poche *(n.)* torch
lancement *(n.)* launch
lancer *(v.)* launch
lanière *(n.)* strap
lave-vaisselle dishwasher
leçons particulières *(n.)* coaching
légende *(photo…)* caption
léger *(adj.)* light, mild
légume *(n.)* vegetable
lever *(v.)* raise
  se lever get up
libérer *(v.)* set free
liberté *(n.)* freedom
libre *(adj.)* free
avoir lieu take place
ligne *(n.)* line
  en ligne online
lisse *(adj.)* smooth
littoral *(n.)* coastline
logement *(n.)* accommodation
loi *(n.)* law
long, longtemps *(adj., adv.)* long
longueur *(n.)* length
loterie *(n.)* prize draw
loutre *(n.)* otter
lumière *(n.)* light
lune *(n.)* moon
lunettes *(n.)* glasses
lycée *(n.)* high school *(US)*, secondary school *(UK)*

M

machine à coudre *(n.)* sewing machine
magasin *(n.)* shop, store
main d'œuvre *(n.)* labor *(US)*, labour *(UK)*
maïs *(n.)* corn on the cob, Indian corn
majestueux *(dj.)* stately
majuscule *(n.)* capital letter
mal *(n.)* evil
  faire mal à hurt
malade *(adj.)* ill, sick
maladie *(n.)* disease
malheureusement *(adv.)* unfortunately, unluckily
malhonnête *(adj.)* dishonest, sharp
malin *(adj.)* clever, tricky
mammifère *(n.)* mammal
manquer *(v.)* miss
marché *(n.)* deal ; market
marcher *(v.)* walk
  marcher sur step on
marécage *(n.)* wetlands
marée noire *(n.)* oil spill
marquer *(v.)* mark
marron *(n.)* chestnut
matériel *(n.)* equipment, material
matière *(n.)* material; matter
maximal *(adj.)* top
mécontent *(adj.)* annoyed
médecine *(n.)* medicine
médicament *(n.)* medicine
mélanger *(v.)* mingle, mix
membre *(n.)* member
même *(adv.)* even
menace *(n.)* threat
menacer *(v.)* threaten
ménage *(travail)* housework
mener *(v.)* lead [li:d]
mensonge *(n.)* lie
merveille *(n.)* wonder
mettre *(v.)* put, set
micro(phone) *(n.)* mike, microphone
micro-ondes *(n.)* microwave
mignon *(adj.)* cute
milieu *(n.)* middle
mince *(adj.)* thin
mine *(n.)* *(crayon)* lead [led]
minuit *(adv.)* midnight
miroir *(n.)* mirror
mise à feu *(n.)* blast-off
mode de vie *(n.)* lifestyle, way of life
moi-même *(pron.)* myself
à moins que *(conj.)* lest, unless
moisson *(n.)* harvest
moitié *(n.)* half
montagne *(n.)* mountain
monter *(v.)* go up, rise
  monter à *(cheval…)* ride
montrer *(v.)* show
se moquer de *(v.)* laugh at
moquette *(n.)* carpet
morceau *(n.)* piece
mordre *(v.)* bite
mort *(n., f.)* death
mortel *(adj.)* deadly
morue *(n.)* cod
moteur *(n.)* engine
mou *(adj.)* soft
mourir *(v.)* **d'envie de** burst to
Moyen Âge *(n.)* Middle Ages
moyen *(adj.)* average
mur *(n.)* wall
mystère *(n.)* mystery

N

narrateur *(n.)* narrator, storyteller
navette *(n.)* shuttle
net *(adj.)* clear
nettoyage *(n.)* clean-up
nettoyer *(v.)* clean (out / up)
ni *(adv.)* neither
niveau *(n.)* grade, level
noix *(n.)* walnut
nourrir *(v.)* feed
nourriture *(n.)* food
nouvelle *(n.)* short story
  nouvelles news
nu *(adj.)* bare, naked
nul *(adj.)* useless

O

objectif *(n.)* objective, purpose

obsédé *(adj.)* **par** hung up on
obtenir *(v.)* get
occasion *(n.)* chance, opportunity
s'occuper de *(v.)* see to
officier *(n.)* officer
oie *(n.)* goose (*pl.* geese)
oignon *(n.)* onion
oiseau aquatique *(n.)* water fowl
ombre *(n.)* shadow
omettre de *(v.)* fail to
opportunité *(n.)* chance, opportunity
ordinateur *(n.)* computer
  ordinateur de bureau desktop computer
  ordinateur portable laptop (computer)
ordures *(n.)* trash, waste (products)
organismes vivants *(n.)* living things
à l'origine originally
orthographe *(n.)* spelling
oser *(v.)* dare
oublier *(v.)* forget
ouragan *(n.)* hurricane
outil *(n.)* tool

P

paisible *(adj.)* peaceful
pâlir *(v.)* fade
palourde *(n.)* clam
panais *(n.)* parsnip
panier à linge *(n.)* laundry basket
panneau *(n.)* sign
pantalon *(n.)* pants
paon *(n.)* peacock
papier peint *(n.)* wallpaper
papillon *(n.)* butterfly
  papillon de nuit moth
paraître *(v.)* appear, seem
parcourir *(v.)* roam
pardonnez-moi excuse me
paresseux *(adj.)* lazy
parfum *(n.)* scent
pari *(n.)* bet
parking *(n.)* parking lot
paroles *(chanson)* lyrics
partager *(v.)* share
partenaire *(n.)* partner
participer à *(v.)* take part in, enter *(competition)*
particulièrement *(adv.)* especially
partir *(v.)* leave
  C'est parti ! Here we go!
partout dans around
pas *(n.)* step
passé *(n.)* past
passer l'aspirateur vacuum
passionnant *(adj.)* exciting
patate douce *(n.)* sweet potato
pauvre *(adj.)* poor
pavé numérique *(n.)* number pad
payer *(v.)* pay
  faire payer charge
pays *(n.)* country
  pays désert wilderness
paysage *(n.)* scenery
peau *(n.)* skin
pêche *(n.)* peach
pêche au chalut *(n.)* trawling
pêcheur *(n.)* fisherman
pelage *(n.)* coat, fur
pendant *(prép.)* during
  pendant des siècles over the centuries
  pendant que while
  pendant tout ce temps all this while
pensée *(n.)* thought
penser *(v.)* guess, reckon, think
  Je ne le pense pas. I don't think so.
  penser à think about
pension *(n.)* boarding school
perdre *(v.)* lose; shed *(feathers)*
perdrix *(n.)* partridge
permettre *(v.)* allow, let, permit
personnage *(n.)* character; VIP (= very important person)
personnalité *(n.)* personality; VIP
pétrole *(n.)* oil
peu de *(dét.)* few
  un peu slightly
peupler *(v.)* people
peur *(n.)* fear
peut-être *(adv.)* maybe, perhaps
phoque *(n.)* seal
physicien *(n.)* physicist
physique *(n.)* physics
piéger *(v.)* trap
pillule *(n.)* pill
piscine *(n.)* pool
piste *(n.)* catwalk *(fashion show)*
pivert *(n.)* woodpecker
pivoter *(v.)* swivel around
placer *(v.)* set
plaie *(n.)* cut
plaisanter *(v.)* kid
plaisanterie *(n.)* joke
plan *(n.)* design, map
planifier *(v.)* plan
plaque d'immatriculation *(n.)* registration plate
plat d'accompagnement *(n.)* side dish
plateforme de lancement *(n.)* launch pad
plomb *(n.)* lead [led]
plume *(n.)* feather
plutôt *(adv.)* rather
poche *(n.)* pouch *(kangaroo…)*
poids *(n.)* weight
poignée *(n.)* handle
poil *(n.)* coat *(of animal)*, hair
point *(n.)* dot, point
  point central focus
  point de départ starting point
pointure *(n.)* size
poire *(n.)* pear
poireau *(n.)* leek
pois *(n.)* pea
poitrine *(n.)* chest
pont *(n.)* bridge; deck *(ship)*
  faire le pont go away for a long weekend
portail *(n.)* doorway, portal
porte *(n.)* door, gate, gateway
portefeuille *(n.)* wallet
porter *(v.)* carry, wear *(clothes)*
poser *(v.)* lay, set
  poser sa candidature apply for
pouce *(n.)* inch *(measurement)*, thumb
poulailler *(n.)* hen house
poursuivre *(v.)* go on
pourvu *(adj.)* **de** complete with
poussière *(n.)* dust
poussin *(n.)* chick
pouvoir *(v.)* power
précédent *(adj.)* previous
  sans précédent unprecedented
précis *(adj.)* accurate
précuit *(adj.)* ready-cooked
prédire *(v.)* predict
prendre *(v.)* **soin de** take care of
près (de) close (to), near
prescrire *(v.)* prescribe
presque *(adv.)* nearly
presse d'imprimerie *(n.)* printing press
pression *(n.)* pressure
prêter *(v.)* lend
preuve(s) *(n.)* proof
prévisible *(adj.)* predictable
principal *(adj.)* main
principal de collège *(n.)* headmaster
prix *(n.)* *(concours…)* prize
procédure *(n.)* process
produire *(v.)* produce
  produit en série mass-produced
  se produire happen, occur; perform *(show)*
produit *(n.)* product
  produit chimique chemical
profondeur *(n.)* depth
proie *(n.)* prey
projet *(n.)* project
se promener *(v.)* walk
promouvoir *(v.)* promote
proposition *(n.)* proposal
propre *(adj.)* clean; own
propriété *(n.)* property
protéger *(v.)* protect
prouver *(v.)* prove
prudent *(adj.)* careful
prune *(n.)* plum
public *(n.)* audience; general public
publier *(v.)* publish
puis *(adv.)* next, then
puissance *(n.)* power
puissant *(adj.)* powerful
purée de pommes de terre *(n.)* mashed potato

Q

quart *(n.)* quarter
quartier *(n.)* quarter
queue *(n.)* tail
  faire la queue queue
quotidien *(adj.)* daily

R

race *(n.)* breed
raconter *(v.)* tell
radis *(n.)* radish
rafale *(n.)* gust
rafting en eau vive *(n.)* white-water rafting
raisin *(n.)* grape
  raisin de Corinthe currant
raison *(n.)* reason
raisonnable *(adj.)* reasonable, sensible

ramasser *(v.)* collect, pick up
randonnée *(n.)* backpacking trip
rangée *(n.)* row [rəʊ]
ranger *(v.)* put away, tidy (up)
bien rangé tidy
rappeler *(v.)* remind; return *(phone call)*
rarement *(adv.)* seldom
rassemblement *(n.)* roundup
rassurant *(adj.)* reassuring
rayure *(n.)* stripe
réaliste *(adj.)* realistic
rebelle *(adj.)* rebellious
recette *(n.)* recipe
receveur *(n.)* receiver
recevoir *(v.)* receive
réchauffement de la planète *(n.)* global warming
recherche(s) *(n.)* research
rechercher *(v.)* research
récif de corail *(n.)* coral reef
récit *(n.)* tale
récolter *(v.)* harvest
récompense *(n.)* award
reconnaissant *(adj.)* grateful
reconstruire *(v.)* reconstruct
redessiner *(v.)* redraw
réduire *(v.)* reduce
réfléchir *(v.)* think
refrain *(n.)* chorus
réfrigérateur *(n.)* fridge, refrigerator
regard *(n.)* gaze, look
regarder fixement *(v.)* stare
région *(n.)* area
règlement *(n.)* rub
régler *(v.)* adjust, regulate
règne *(n.)* reign
régner *(v.)* rule
rejoindre *(v.)* join
remarquer *(v.)* notice
remplir *(v.)* *(formulaire)* fill in
rencontrer *(v.)* meet
rendez-vous *(n.)* appointment
repas *(n.)* meal
répéter *(v.)* rehearse
repousser *(v.)* fight off
représentation *(n.)* performance
réseau *(n.)* network
réserver *(v.)* book
résoudre *(v.)* solve
rester *(v.)* remain, stay
résultat *(n.)* result
retourner *(v.)* go back
rétrécir *(v.)* shrink
réunion *(n.)* assembly, event, meeting
réussir *(v.)* succeed
qui réussit successful
rêve *(n.)* dream
(se) réveiller *(v.)* wake up (woke, woken)
rêver *(v.)* dream
riche *(adj.)* rich, wealthy
rivage *(n.)* shore
rocheux *(adj.)* rocky
roman *(n.)* novel
rompre *(v.)* break up
ronfler *(v.)* snore; whirr *(engine)*
ronger *(v.)* chew
ronronner *(v.)* purr
roue *(n.)* wheel
rouge à lèvres *(n.)* lipstick
rougir *(v.)* blush
rouler *(v.)* *(voiture…)* run
ruban *(n.)* ribbon
ruée *(n.)* rush
ruelle *(n.)* lane
rugir *(v.)* roar
rusé *(adj.)* smart

S

sac à dos *(n.)* backpack, knapsack
sac à main *(n.)* handbag
sacré *(adj.)* holy, sacred
saisir *(v.)* *(au clavier)* type, enter
saison *(n.)* season
hors saison off-season
salade *(n.)* lettuce
saladier *(n.)* bowl
sale *(adj.)* dirty
salive, saliver *(n., v.)* spit
Salutations distinguées Yours sincerely
sang *(n.)* blood
sauce *(n.)* gravy, sauce
sauf *(prép.)* except
sauter *(v.)* jump
sauvage *(adj.)* wild
sauver *(v.)* save
sèche-linge *(n.)* clothes dryer
sécheresse *(n.)* drought
secouer *(v.)* shake
en sécurité safe
séjour *(n.)* stay
selon *(prép.)* according to
sembler *(v.)* look / feel / sound… like, seem
sensible *(adj.)* sensitive
sentir *(v.)* feel; smell
sentir mauvais stink
qui sent mauvais smelly
séparé *(adj.)* separate
série *(n.)* series
serpent *(n.)* snake
serrer *(v.)* **la main** shake hands
serveur *(n.)* *(Internet)* Internet Service Provider (ISP)
serviable *(adj.)* helpful
seul *(adj.)* alone; single
seulement *(adv.)* only
siècle *(n.)* century
siège *(n.)* seat
signer *(v.)* sign
signifier *(v.)* mean
silencieux *(adj.)* quiet, silent
silicium *(n.)* silicon
singe *(n.)* ape, monkey
situer *(v.)* locate, situate
ski alpin *(n.)* downhill skiing
soie *(n.)* silk
sol *(n.)* ground, soil
sombre *(adj.)* dark
sommaire *(n.)* summary
sommet *(n.)* top
son *(n.)* sound
sonner *(v.)* ring
sonnerie, sonnette *(n.)* bell
sorcier *(n.)* wizard
sorcière *(n.)* witch
sorte *(n.)* kind
sortir *(v.)* go out; take out *(of a pocket, etc.)*
s'en sortir make it
souche *(n.)* stump
se soucier *(v.)* care
soudain *(adv.)* suddenly
soulever *(v.)* lift, raise
souligner *(v.)* underline
spectacle *(n.)* performance, show
spectral *(adj.)* ghostly
sponsoriser *(v.)* sponsor
squelette *(n.)* skeleton
stage en entreprise *(n.)* work experience
stocker *(v.)* store
stylo bille *(n.)* ballpoint pen
suivre *(v.)* follow
sujet *(n.)* issue, subject, topic
super *(adj.)* awesome
supplémentaire *(adj.)* extra
supporter *(v.)* put up with, withstand
supposer *(v.)* guess, suppose
sûr *(adj.)* safe
surprenant *(adj.)* amazing, surprising
survivre *(v.)* survive
suspendre *(v.)* hang
sympathique *(adj.)* friendly, nice

T

tableau *(art)* painting
tache *(n.)* stain
taille *(n.)* height, size
être de la bonne taille be the right size, fit
talentueux *(adj.)* talented
tapis *(n.)* carpet
tapis de souris mouse pad
tarte au citron meringuée *(n.)* lemon meringue pie
taupe *(n.)* mole
taux *(n.)* rate
téléphone portable *(n.)* mobile phone *(UK)*
tempête *(n.)* storm
tenir *(v.)* have, hold
tenir à be keen to
tenir bon hold on
tenir compagnie keep company
terme *(n.)* term
terminer *(v.)* end, finish
terrain d'atterrissage *(n.)* landing strip
terrain de football *(n.)* football pitch
terre *(n.)* dirt, earth, ground, land
Terre-Neuve *(n.)* Newfoundland
terriblement *(adv.)* frightfully
territoire *(n.)* territory
Tiers Monde *(n.)* Third World
timbre-poste *(n.)* postage stamp
timide *(adj.)* shy
tirer *(v.)* pull
tirer sur shoot at
tiret *(n.)* dash
titre *(n.)* title
toile *(araignée)* web
toit *(n.)* roof
tomber *(v.)* fall
tombola *(n.)* prize draw
tonne *(n.)* ton
tordu *(adj.)* distorted
tortue marine *(n.)* turtle
tortueux *(adj.)* crooked
touche *(clavier)* key
touche correction backspace key
touche entrée return key

touche espace space bar
touche majuscule shift key
tour *(n., f.)* tower
tourbillonner *(v.)* whirl
traire *(v.)* milk
trait de caractère *(n.)* characteristic
traiter *(v.)* treat
tramway *(n.)* cable car, street car *(US)*, tram
tranquille *(adj.)* quiet
se transformer en *(v.)* turn into
transmettre *(v.)* pass on *(information)*, transmit
transport maritime *(n.)* shipping
travail *(n.)* job, work; labor *(US)*, labour *(UK)*
traverser *(v.)* cross
tremblement de terre *(n.)* earthquake
tribu *(n.)* tribe
trimestre *(n.)* term
tristesse *(n.)* sadness, sorrow
trompe *(n.)* trunk
trophée *(n.)* trophy
trottoir *(n.)* pavement *(UK)*, sidewalk *(US)*
trou *(n.)* hole
troubler *(v.)* trouble
trucs *(n.)* stuff *(n. inv.)*
tuer *(v.)* kill
type *(n.)* guy

U

usine *(n.)* factory
utile *(adj.)* useful

V

vacances *(n.)* holiday *(UK)*, vacation *(US)*
vaciller *(v.)* flicker
vague *(n.)* wave
vaisseau spatial *(n.)* spacecraft, spaceship
valet *(n.)* manservant
valoir *(v.)* be worth
vapeur *(n.)* steam
vaporiser *(v.)* spray
varier *(v.)* vary
vedette de cinéma *(n.)* film star
vendeur / se *(n.)* sales assistant
vénimeux *(adj.)* poisonous
ventre *(n.)* belly
vérificateur d'orthographe *(n.)* spell check
vérifier *(v.)* check
verre *(n.)* glass
vers *(n.) (poème…)* line
ver de terre *(n.)* worm
vêtements *(n.)* clothes, clothing
vétérinaire *(n.)* vet
vider *(v.)* empty
vie *(n.)* life, lifetime
vif *(adj.)* colourful
vinaigre *(n.)* vinegar
visite *(n.)* visit
visiter *(v.)* visit
vitesse *(n.)* speed
à grande vitesse high-speed
voisin *(n.)* neighbo(u)r
voisinage *(n.)* neighbo(u)rhood
voiture de course *(n.)* racing car
voix *(n.)* voice
vol *(n.) (avion, etc.)* flight
vol habité manned flight
vol spatial space flight
volaille *(n.)* fowl, poultry
voler *(v.) (avion, etc.)* fly
voleur *(n.)* thief
vouloir dire *(v.)* mean
voyage *(n.)* journey, trip
les voyages travel
voyager *(v.)* travel
vraiment *(adv.)* indeed, really, truly
vue *(n.)* scenery, view

Z

zone *(n.)* area

CRÉDITS PHOTOGRAPHIQUES

Couverture : Photo12.com / Alamy

Chapitre 1. p. 10 : Photo12.com / Alamy • p. 12 (hg) : Blend Images / Photoshot • p. 12 (hd) : Photo12.com / Alamy • p. 12 (mg) : Magnum Photos / Eve Arnold • p. 12 (md) : Collection particulière • p. 12 (bg) : © Jeff Koterba • p. 13, 14, 15, 16, 17 et 18 : Photo12.com / Alamy • p. 19 (h) : The Kobal Collection / Warner Bros • p. 19 (m) et (md) : Photo12.com / Alamy • p. 20 : Photo12.com / Alamy • p. 23 (hg) : Hemis. fr / AGE fotostock / Greg Gerla • p. 23 (hd), (mg) et (md) : Photo12.com / Alamy • p. 23 (bg) et (bd) : Photo12.com / Alamy • p. 23 (bm) : Roger-Viollet / Imago

Chapitre 2. p. 26-27 : (g) et (hd) Photo12.com / Alamy ; (bd) Bridgeman Giraudon / Private Collection, © Look and Leam • p. 29, p. 30 et p. 31 (b) : Photo12.com / Alamy • p. 32 : Illustrations by Mary GrandPré copyright © 1999 by Warner Bros. All rights reserved. Published by Scholastic Inc. Harry Potter and all related characters and elements are TM of and © WBEI • p. 33 et p. 34 : Photo12.com / Alamy • p. 35 (hg) : Corbis / Phil Schermeister • p. 35 (hd) : REA / Gilles Leimdorfer • p. 35 (m) et p. 36 : Photo12.com / Alamy • p. 38 (hg) et (bg) : Photo12.com / Alamy • p. 38 (md) : Bridgeman Giraudon / Private Collection, © Look and Leam • p. 39 (mg) : Bridgeman Giraudon / Private Collection, The Stapleton Collection • p. 39 (md) : Photo12.com / Alamy.

Chapitre 3. p. 42-43 : (g) et (hd) Photo12.com / Alamy ; (bd) Printed by Permission of the Norman Rockwell Family Agency, © 1943 Norman Rockwell Family Entities • p. 44, p. 45, p. 46 (h) et p. 47 (h) : Photo12.com / Alamy • p. 48, p. 49 : Bridgeman Giraudon / Library of Congress, Washington D.C. USA • p. 50 (h) : Corbis / CNP / Ron Sachs • p. 50 (mg) : Corbis / Reuters / Shannon Stapleton • p. 50 (bd) : Printed by Permission of the Norman Rockwell Family Agency, © 1943 Norman Rockwell Family Entities • p. 51 (h) : Bridgeman Giraudon / Private Collection • p. 51 (b), p. 52, p. 53, p. 54 et p. 55 : Photo12.com / Alamy.

Chapitre 4. p. 58-59 : (g) Collection Christophel ; (hd) Cosmos / Science Photo Library / David Gifford ; (bd) Photo12.com / Alamy • p. 60 (hg) et (bg) : Photo12.com / Alamy • p. 60 (md) : Cosmos / Science Photo Library / Mehau Kulyk • p. 62 : Photo12.com / Alamy • p. 63 : www.discoveryeducation.com /© Bill Fitzpatrick • p. 64-65 : Cosmos / Science Photo Library / Mehau Kulyk • p. 66 et p. 67 (hg) et (hd) : Collection Christophel • p. 67 (mg) : Cosmos / Science Photo Library / David Gifford • p. 67 (md) : Corbis / Blue Lantern Studio • p. 68 et p. 69 : Photo12.com / Alamy • p. 70 (h) : © Rube Goldberg • p. 71 : Photo12.com / Alamy.

Chapitre 5. p. 74-75 : Photo12.com / Alamy • p. 76 (hg), (hd) et (bd) : Photo12.com / Alamy • p. 76 (bg) : Corbis / A.J. Sisco • p. 78 et p. 80-81 : Photo12.com / Alamy • p. 82 (hd) : Rue des Archives / Kal • p. 82 (mg) : Mary Evans / Mary Evans ILN Pictures • p. 82 (bd) : Corbis / Bettmann • p. 83 : Photo12.com / Alamy • p. 84 (hd), (bg) et p. 85 : Photo12.com / Alamy • p. 84 (mg) : Bridgeman Giraudon / National Library of Australia, Canberra • p. 86 (hm) : Collection Christophel • p. 86 (hd) : Corbis / Phil Klein • p. 86 (bg) : Photo12.com / Alamy • p. 86 (md) : Abaca / Stella Pictures / Photo by Toby Selander • p. 86 (bm) : Corbis / Alessandra Benedetti • p. 87 (mg) : Corbis / EPA / Julian Martin • p. 87 (mh) : Abaca / PA • p. 87 (md) : Corbis / EFE / Adrian Sanchez Gonzalez / EPA • p. 87 (hd) : Collection Christophel.

Chapitre 6. p. 90-91 : (g) Julian Beever ; (hd) Collection Christophel ; (bd) Photo12.com / Alamy • p. 92 (m) et (bg) : Photo12.com / Alamy • p. 92 (hd) : Collection Christophel • p. 93 (hg) : Corbis / Franck Trapper • p. 93 (hm) : Corbis / Walter Weissman • p. 93 (hd) : Bridgeman Giraudon/Alinari © 2006 Andy Warhol Foundation for the Visual Arts / Adagp, paris 2008 • p. 93 (m) : Photo12.com / Alamy • p. 94 (g) : Photo12.com / Alamy • p. 94 (d) : Julian Beever • p. 95 : Photo12.com / Alamy • p. 97 : Les Archives du 7e Art • p. 98 (hd) et (md) : Rue des Archives / The Granger Collection • p. 98 (bg) : Corbis / Hulton-Deutsch Collection • p. 98 (bd) : Mary Evans / Arthur Rackham • p. 99 (hd) et (bd) : Collection Christophel • p. 99 (mh) : Corbis / Bettmann • p. 99 (mb) : Corbis / Douglas Kirkland • p. 100 et p. 102 (h) : Photo12.com / Alamy • p. 102 (b) : SIPA • p. 103 (h) et (md) : Photo12.com / Alamy • p. 103 (mg) : Photo12.com / Alamy-Nintendo.

Chapitre 7. p. 106-107 : (g) Avec l'aimable autorisation de Royal Philips Electronics ; (hd) Collection Kharbine-Tapabor ; (bd) Photo12.com / Alamy • p. 108 : Photo12.com / Alamy • p. 108 (b) : REA / Raphaël Demaret • p. 109 (g) : Collection Christophel • p. 109 (m) et (d) : Avec l'aimable autorisation de Royal Philips Electronics • p. 110 et 111 : Photo12.com / Alamy • p. 112-113 : Collection Christophel • p. 114 (hg) : SIPA / AP • p. 114 (bg) : SIPA / News Com / NASA • p. 114 (bd) : SIPA / AP / Neil A. Armstrong • p. 115 : Photo12.com / Alamy • p. 116 (h) : Rue des Archives / Collection BCA • p. 116 (b) : Photo12.com / Alamy • p. 117 : Collection Christophel • p. 118 (h) et (b) : Collection Kharbine-Tapabor • p. 119 (hg) : Mary Evans / Chris Coupland • p. 119 (hd) : Corbis / 2 Face • p. 119 (bg) : Mary Evans Picture Library • p. 119 (bd) : Corbis / Sygma / J.P. Laffont.

CRÉDITS TEXTES

p. 32 : from *Harry Potter and the Prisoner of Azkaban*, © 1999 J. K. Rowling, used by permission of the Christopher Little Literary Agency ; **p. 48-49 :** "The Bluebird and Coyote" & "Coyote and Wasichu", from *American Indian Myths and Legends* by Richard Erdoes and Alfonso Ortiz ©1984, used by permission of Pantheon Books, a division of Random House, Inc. ; **p. 64 :** from *George's Secret Key to the Universe* by Lucy and Stephen Hawking, Random House ; **p. 79 :** by permission of WWF ; **p. 80-81 :** *Time is ticking out* (The Cranberries), Universal Music Publishing ; *Heal the world* (Michael Jackson), © Mijac Music, Warner Chappell Music France ; *Fragile* (Sting), © Music Sales Limited ; **p. 92 :** *Imagine* (John Lennon), © Lenono Music, DBA Yoko Ono, INT. Royalties USA ; *Yesterday* (John Lennon and Paul McCartney), Sony ATV Music Publishing ; **p. 96 :** from *Northern Lights* by Philip Pullman, Scholastic, 1995.

IMPRIM'VERT
Votre imprimeur agit pour l'environnement

Imprimé en France par I.M.E. – 25110 Baume-les-Dames
N° d'édition : 004735-01 - Dépôt légal : avril 2008

Cet ouvrage est imprimé sur papier mince.
Le bois utilisé provient de forêts et plantations gérées de manière durable.

The English-speaking World

English: mother tongue and official language